ESTER

Descubre cómo ser una Mujer bella y fuerte

Elizabeth George

PORTAVOZ

La misión de *Editorial Portavoz* consiste en proporcionar productos de calidad —con integridad y excelencia—, desde una perspectiva bíblica y confiable, que animen a las personas a conocer y servir a Jesucristo.

Título del original: *Esther, Becoming a Woman of Beauty and Strength,* © 2001 por Elizabeth George y publicado por Harvest House Publishers, Eugene, Oregon 97402. www.harvesthousepublishers.com

Edición en castellano: *Ester: Descubre cómo ser una mujer bella y fuerte,* © 2007 por Elizabeth George y publicado por Editorial Portavoz, filial de Kregel Publications, Grand Rapids, Michigan 49501. Todos los derechos reservados.

A menos que se indique lo contrario, todas las citas bíblicas han sido tomadas de la versión Reina-Valera 1960, © Sociedades Bíblicas Unidas. Todos los derechos reservados.

Traducción: Nohra Bernal

EDITORIAL PORTAVOZ
P.O. Box 2607
Grand Rapids, Michigan 49501 USA

Visítenos en: www.portavoz.com

ISBN 978-0-8254-1259-2

4 5 edición / año 12

Impreso en los Estados Unidos de América
Printed in the United States of America

Contenido

Prólogo

esde hace tiempo he buscado estudios bíblicos de uso diario que me permitan conocer mejor la Palabra de Dios. En esto me hallé entre dos extremos: Estudios bíblicos que requerían poco tiempo pero superficiales, o estudios profundos que exigían más tiempo del que disponía. Descubrí que no era la única y que como muchas mujeres, vivía muy ocupada pero deseosa de pasar tiempo provechoso en el estudio de la Palabra de Dios.

Por eso me emocionó tanto saber que Elizabeth George quisiera escribir una serie de estudios bíblicos para mujeres con lecciones profundas que solo requerían quince o veinte minutos diarios. Después que ella completara su primer estudio sobre Filipenses estaba ansiosa por probarlo. Ya había estudiado Filipenses pero por primera vez entendí bien la organización del libro y su verdadera aplicación para mi vida. Cada lección era sencilla pero profunda, ¡y escrita especialmente para mí como mujer!

En la serie de estudios bíblicos de *Una mujer conforme al corazón de Dios*® Elizabeth nos guía a recorrer las Escrituras y comunica la sabiduría que ha adquirido en más de veinte años como maestra bíblica para mujeres. Las lecciones abundan en contenidos muy valiosos porque se fundamentan en la Palabra de Dios y son el fruto de la experiencia de Elizabeth. Su estilo de comunicación personal y afable hacen sentir como si estuviera a tu lado estudiando contigo, como si en persona te orientara en la mayor aspiración que pudieras tener en la vida: Ser una mujer conforme al corazón de Dios.

6   Descubre cómo ser una mujer bella y fuerte

Si buscas estudios bíblicos que pueden ayudarte a cimentar tu conocimiento de la Palabra de Dios en medio de tantas ocupaciones, estoy segura de que esta serie será una grata compañía en tu andar diario con Dios.

—LaRae Weikert
Directora Editorial,
Harvest House Publishers

reámbulo

n mi libro *Una mujer conforme al corazón de Dios®* hablo de esta clase de mujer como alguien que tiene el cuidado de poner a Dios en el trono de su corazón y como su máxima prioridad en la vida. También mencioné que una forma de lograrlo sin falta es alimentar un corazón anclado en la Palabra de Dios. Esto supone que desarrollemos unas raíces profundas en las Escrituras.

Antes de emprender nuestro estudio bíblico, dedica un momento a pensar en los siguientes aspectos concernientes a las raíces y el estudio diario y constante de la Palabra de Dios:

- Las raíces no están a la vista. Será necesario que apartes tiempo a solas, "en lo secreto", si deseas sumergirte en la Palabra de Dios y crecer en Él.

- La función de las raíces es absorber nutrientes. A solas y con tu Biblia en mano podrás alimentarte de las verdades de la Palabra de Dios y asegurar tu crecimiento espiritual.

- Las raíces sirven para almacenar. A medida que adquieres el hábito de escudriñar la Palabra de Dios descubrirás que acumulas una inmensa y profunda reserva de esperanza divina y fortaleza para los tiempos difíciles.

- Las raíces sirven de sostén. ¿Quieres permanecer firme en el Señor y en medio de las presiones de la vida? El cuidado diario de tus raíces espirituales mediante el estudio de la Palabra de Dios te convertirá en una mujer extraordinaria y firme.[1]

Me alegra que hayas escogido este volumen de mi serie de estudios bíblicos de *Una mujer conforme al corazón de Dios*®. Mi oración es que las verdades que encuentres en la Palabra de Dios a través de este estudio te acerquen más a la semejanza de su amado Hijo y te faculten para ser la mujer que anhelas: Una mujer conforme al corazón de Dios.

En su amor,

Elizabeth George

*L*ección 1

El escenario de la historia

Ester 1:1-9

*E*ster! El nombre y la historia en torno a esta célebre y admirada reina del Antiguo Testamento evocan un sinnúmero de ideas de carácter y coraje. Incluso su nombre persa, que significa "estrella", genera toda clase de expectativas. Pasaremos días emocionantes en el estudio de la vida de Ester, su belleza y fortaleza y sus múltiples cualidades que la convierten en una verdadera "estrella". Sin embargo, solo hablaremos de ella hasta la cuarta lección, así que por ahora dediquémonos a preparar la escena para su llegada. Antes de adentrarnos en la historia bíblica relatada en el libro de Ester, veamos algunos hechos fundamentales:

¿Quién escribió el libro de Ester? Se desconoce el autor. Algunos creen que pudo ser Mardoqueo. Otros apuntan a Esdras o Nehemías. Lo más probable es que quien haya escrito Ester fuera judío y conociera muy bien al rey Asuero y los sucesos de su reinado. (Cabe agregar que Ester es uno de los libros bíblicos cuyo nombre corresponde a una mujer. El otro es Rut.)

¿Cuál es la fecha en que fue escrito el libro de Ester? Algunos cálculos ubican la fecha entre 464 y 424 a.c., pero sin duda alguna después de 465 a.c., año en que muere el rey Asuero. (Cabe anotar que los sucesos registrados en Ester corresponden a los capítulos 6 y 7 del libro de Esdras y que finalizan la sección histórica del Antiguo Testamento.)

¿Cuál es el tema del libro de Ester? Aunque el nombre de Dios no se menciona, el libro de Ester muestra con claridad el cuidado soberano de Dios y su fiel amor por su pueblo. Como alguien comentó: "Aunque no aparece el nombre de Dios, su presencia es constante. Él cubre a su pueblo como una nube protectora".

¿Cuál es el contexto histórico del libro de Ester? La historia se desarrolla en el Imperio Persa, mayormente en Susa, la capital persa donde la corte pasaba el invierno.

¿Cuáles son algunos problemas que presenta el estudio del libro de Ester? Algunos eruditos cuestionan el hecho de que no se menciona a Dios (ni la oración, la adoración y la ley divina), y que Ester y su primo Mardoqueo quizá no eran judíos devotos (sus ancestros no quisieron regresar a Jerusalén cuando tuvieron la oportunidad, prefirieron ocultar la identidad judía de Ester, ella tal vez comía alimentos considerados impuros por los judíos e hizo parte del harén del rey). Sin embargo, la mayoría coinciden en afirmar que tanto Mardoqueo como Ester demostraron gran valentía, nobleza y una notable moral en su carácter.

Ahora veamos cómo empieza el relato de Ester y demos inicio al estudio de sus grandes virtudes.

Ester 1:1-9

¹Aconteció en los días de Asuero, el Asuero que reinó desde la India hasta Etiopía sobre ciento veintisiete provincias,

²que en aquellos días, cuando fue afirmado el rey Asuero sobre el trono de su reino, el cual estaba en Susa capital del reino,

³en el tercer año de su reinado hizo banquete a todos sus príncipes y cortesanos, teniendo delante de él a los más poderosos de Persia y de Media, gobernadores y príncipes de provincias,

⁴para mostrar él las riquezas de la gloria de su reino, el brillo y la magnificencia de su poder, por muchos días, ciento ochenta días.

⁵Y cumplidos estos días, hizo el rey otro banquete por siete días en el patio del huerto del palacio real a todo el pueblo que había en Susa capital del reino, desde el mayor hasta el menor.

⁶El pabellón era de blanco, verde y azul, tendido sobre cuerdas de lino y púrpura en anillos de plata y columnas de mármol; los reclinatorios de oro y de plata, sobre losado de pórfido y de mármol, y de alabastro y de jacinto.

⁷Y daban a beber en vasos de oro, y vasos diferentes unos de otros, y mucho vino real, de acuerdo con la generosidad del rey.

> ⁸Y la bebida era según esta ley: Que nadie fuese obligado a beber; porque así lo había mandado el rey a todos los mayordomos de su casa, que se hiciese según la voluntad de cada uno. ⁹Asimismo la reina Vasti hizo banquete para las mujeres, en la casa real del rey Asuero.

Del corazón de la Palabra de Dios

1. Anota quiénes asistieron al banquete de 180 días convocado por el rey Asuero (v. 3).

2. ¿Qué hizo el rey Asuero durante esos 180 días de fiesta (v. 4)?

3. ¿Qué personas fueron invitadas al segundo banquete que duró siete días (v. 5)?

4. ¿Qué hacía la reina Vasti en ese momento (v. 9)?

Para tu corazón

• Ya que conoces al rey Asuero, ¿cuáles son tus primeras impresiones de él?

• Como la mayoría de los reyes, Asuero era muy rico. Sin embargo ¿qué nos enseña la Biblia sobre las riquezas?

Proverbios 30:7-9

Proverbios 31:20

Filipenses 4:11-13

¿Cuál es tu situación actual en lo que respecta a lo material? ¿Riqueza o escasez? ¿Gozas de abundancia o sufres precariedad? ¿Vives en prosperidad o en pobreza? ¿De qué manera te animan estos pasajes?

• Medita en esta profunda declaración... y luego responde la pregunta que invita a pensar:

> *L*as personas suelen admirar cuatro cualidades en los demás: La sabiduría humana, el poder (la fuerza), la amabilidad y las riquezas... Sin embargo, Dios valora más que el hombre lo conozca y lleve una vida que refleje su justicia y santidad. ¿Qué quisieras que los demás admiraran de ti?[2]

Cultivar un corazón bello y fuerte

Ya está listo el escenario. Hemos conocido a varios personajes, entre ellos el rey Asuero y su reina, Vasti. Hemos visto el alcance del imperio del rey que abarca 127 provincias desde la India hasta Etiopía. Hemos visitado el palacio y admirado su mobiliario. Hemos sido testigos de un festín extravagante (o quizá dos y hasta tres).

Una breve investigación revela algunos hechos subyacentes: El rey Asuero hacía planes para invadir Grecia. El banquete de seis meses le daba tiempo para planear junto con sus príncipes y nobles su estrategia bélica y demostrar su poderío y riquezas que lo hacían apto para trabar una guerra. Además "para la mayoría de habitantes de Asia occidental, como en el presente, la vida era dura y el alimento escaso. Mientras que los jornaleros recibían apenas lo suficiente para subsistir... la vida en la corte se caracterizaba por una extravagancia inimaginable".[3]

Veremos a lo largo del libro de Ester que si bien el rey Asuero fue usado por Dios de manera poderosa, él no era un hombre de notable carácter. Y en estos pocos versículos vemos que, como alguien señaló: "nada oculta mejor un defecto que un manto dorado".[4]

Querida, no debemos dejarnos engañar por la opulencia y el poder. Tampoco debemos codiciar una vida de riquezas. Antes bien, estamos llamadas a ser mujeres conforme al corazón de Dios que cultivan su carácter. Entonces si tienes mucho, da con liberalidad, generosidad, abundancia... y alegría (vea 2 Co. 9:6-7). Busca la manera de usar las bendiciones de Dios para bendecir a otros e invertirlas en sus propósitos eternos. Y si tienes poco, busca el contentamiento. Ambas condiciones nos permiten desarrollar un carácter piadoso.

Lección 2

Se va una reina hermosa

Ester 1:10-22

El poeta inglés John Keats escribió que: "Algo bello es una dicha eterna". Bueno, amiga mía, después de terminar esta lección tal vez pongamos en duda esta afirmación.

Al final de nuestra lección anterior sobre nuestro estudio de "cómo ser una mujer bella y fuerte" conocimos a Vasti, la soberana del rey Asuero. El texto deja ver con claridad que Vasti era hermosa. De hecho, su nombre significa "mujer bella". Y por derecho propio, esta reina ostentaba fuerza y belleza. El banquete que se prolongó durante ciento ochenta días en el palacio del rey, con un asombroso despliegue de riquezas, degeneró en excesos y embriaguez... y tuvo un final desastroso. Por favor

15

asegúrate de leer el pasaje completo en tu Biblia. Luego medita en estos versículos seleccionados que bastan para entender lo sucedido.

Ester 1:10-22

¹⁰El séptimo día, estando el corazón del rey alegre del vino, mandó a Mehumán, Bizta, Harbona, Bigta, Abagta, Zetar y Carcas, siete eunucos que servían delante del rey Asuero,

¹¹que trajesen a la reina Vasti a la presencia del rey con la corona regia, para mostrar a los pueblos y a los príncipes su belleza; porque era hermosa.

¹²Mas la reina Vasti no quiso comparecer a la orden del rey enviada por medio de los eunucos; y el rey se enojó mucho y se encendió en ira.

¹⁶Y dijo Memucán delante del rey y de los príncipes: No solamente contra el rey ha pecado la reina Vasti, sino contra todos los príncipes, y contra todos los pueblos que hay en todas las provincias del rey Asuero.

¹⁹Si parece bien al rey, salga un decreto real de vuestra majestad y se escriba entre las leyes de Persia y de Media, para que no sea quebrantado: Que Vasti no venga más delante del rey Asuero; y el rey haga reina a otra que sea mejor que ella.

²⁰Y el decreto que dicte el rey será oído en todo su reino, aunque es grande, y todas las mujeres darán honra a sus maridos, desde el mayor hasta el menor.

Del corazón de la Palabra de Dios

1. Solicitud. ¿Cómo estaba el rey el último día del banquete de una semana en el que emitió una orden a los eunucos encargados de su harén real (v. 10)?

   ¿Cuál fue su solicitud?

   ¿Cuál era su intención?

2. Respuesta. ¡Los versículos que siguen tienen muchas respuestas! ¿Cuál fue la respuesta de la reina Vasti (v. 12)?

   ¿Y la del rey (v. 12)?

   ¿Y la del vocero de los consejeros de la corte (v. 16)?

   Repercusiones. ¿Qué consecuencias personales sufrió Vasti por su decisión (v. 19)?

   (Alguien llegó a suponer que los consejeros del rey pudieron pensar: "Si ella no viene cuando se le llama, entonces que no venga más".[5])

   ¿Sobre qué argumento se basó el decreto (v. 20)?

Para tu corazón

Antes de extraer lecciones personales de este pasaje de las Escrituras y de la escena descrita, cabe anotar que "las leyes de Persia y de Media" (v. 19) eran irrevocables e inalterables. Por consiguiente, una vez escrita la ley que prohibía a Vasti volver a presentarse ante el rey y que decretaba su destronamiento, era imposible cambiarla o revocarla.

- Ya conocimos al rey Asuero. ¿Cómo describirías el personaje y su carácter?

- También conocimos a la reina Vasti. ¿Cómo la describirías?

- Ya vimos que la reina Vasti era tan "hermosa" (v. 11) que su esposo quería exhibirla (como a sus joyas y corona reales). Muchos han especulado sobre la razón por la cual esta bella reina decidió desacatar la solicitud de su esposo. Tal vez…

…los hombres estaban ebrios.

…se le pidió presentarse en ropas indecentes.

…estaba embarazada.

Sin importar cuál haya sido el motivo, Dios prefirió que no lo supiéramos. Y como dijo un comentarista acerca de esta omisión: "Quizá el autor sentía cierta compasión por Vasti y esperaba comunicarla a sus lectores y pareciera haberlo logrado".[6]

Según Proverbios 22:1 ¿qué es más valioso que las riquezas? Lee además:

Proverbios 11:16

Proverbios 31:25

Al meditar en estas verdades acerca de la "belleza" y la fuerza, ¿qué conclusiones puedes extraer para tus propios valores y tu conducta?

Cultivar un corazón bello y fuerte

Al parecer, el misterio sobre la negativa de Vasti inquieta a muchos. Los argumentos van desde los partidarios de Vasti que justifican sus motivos de dignidad personal, hasta sus opositores que condenan su insumisión como esposa. Sin embargo, amada lectora, nada de esto es sustancial. Lo que importa es que Dios está detrás de todo lo que ocurre en el primer capítulo del libro de Ester. Ya vimos que el nombre de Dios no se menciona en este libro del Antiguo Testamento y que aún así su cuidado y obra soberanos son tangibles e impulsan con determinación cada suceso.

La verdad consignada en Proverbios 21:1 se cumple en la vida del poderoso y opulento rey Asuero. "Como los repartimientos de las aguas, así está el corazón del rey en la mano de Jehová; a todo lo que quiere lo inclina". Sirviéndose de una mente ebria, una negativa de parte de la reina, el pronto consejo de un hombre amenazado y el consenso de unos cuantos consejeros, Dios inclinó el corazón del rey... y una hermosa reina perdió el trono. Por eso, tuviera o no razones válidas, vemos como dice Charles Swindoll:

*E*sto es lo prodigioso de la soberanía de Dios. Detrás del escenario Él mueve, impulsa y organiza sucesos y cambia mentes hasta convertir el escenario más carnal y secular en una decisión que pondrá en marcha su plan perfecto.[7]

Ahora que Dios ha despejado el cargo real, veamos lo que sucede a continuación.

En busca de una reina

Ester 2:1-4

*E*stoy segura de que alguna vez has dicho o hecho (¡o ambas cosas!) algo que más adelante has lamentado de manera profunda. Como dice el antiguo dicho: "Errar es humano". Todas hemos tomado una decisión apresurada en algún momento, o hablado sin pensar, o cedido a la presión de una multitud para complacerla.

Bueno, amiga mía, el rey Asuero no fue la excepción. Él tomó una decisión apresurada al destituir a su hermosa reina, Vasti. Decretó sin pensar bien un edicto irrevocable para destronarla. Y también cedió ante el consejo de otros sin detenerse a pensar en las posibles consecuencias.

Como veremos en esta lección, parece que el rey Asuero alcanzó a lamentar su arrebato. Leamos y descubramos juntas lo que relata el libro de Ester.

Ester 2:1-4

[1] Pasadas estas cosas, sosegada ya la ira del rey Asuero, se acordó de Vasti y de lo que ella había hecho, y de la sentencia contra ella.

[2] Y dijeron los criados del rey, sus cortesanos: Busquen para el rey jóvenes vírgenes de buen parecer;

[3] y ponga el rey personas en todas las provincias de su reino, que lleven a todas las jóvenes vírgenes de buen parecer a Susa, residencia real, a la casa de las mujeres, al cuidado de Hegai eunuco del rey, guarda de las mujeres, y que les den sus atavíos;

[4] y la doncella que agrade a los ojos del rey, reine en lugar de Vasti. Esto agradó a los ojos del rey, y lo hizo así.

Del corazón de la Palabra de Dios

1. Anota aquí las primeras tres palabras de Ester 2:1.

(Es interesante notar que muchas "cosas" sucedieron entre el final del capítulo 1 y las primeras tres palabras del capítulo 2. Alrededor de cuatro años transcurrieron durante la pausa de ese capítulo y algunas de las "cosas" a las que alude el autor tienen que ver con el rey Asuero, también conocido como Jerjes, que sale a conquistar Grecia y regresa a casa después de una desastrosa derrota).

Después de leer el versículo 1, ¿qué puedes inferir del genio del rey? (Asegúrate de añadir este dato a tus conocimientos previos sobre el carácter y comportamiento del rey.)

¿Qué vino a la mente del rey Asuero cuando se acordó de su amada Vasti?

2. ¿Qué sugerencia le dieron los consejeros al rey tras percibir posiblemente su soledad, desaliento y remordimiento (vv. 2-4)?

(Un pequeño comentario: La mayoría de los eruditos concuerdan en decir que los consejeros del rey también reaccionaron por temor. Ellos habían propiciado la expulsión de Vasti y si ella era repuesta como reina podría castigarlos por haber actuado en su contra. También era probable que el rey, por su parte, tomara represalias si continuaba extrañando a Vasti y empezaba a culpar a sus consejeros por su ausencia).

Describe a las mujeres que debían pasar la prueba (vv. 2-3).

Describe el alcance de la búsqueda (v. 3).

¿Cuál es el nuevo personaje que aparece en el versículo 3 y cuál era su misión?

3. ¿Cómo le pareció al rey Asuero esta propuesta y el procedimiento (v. 4)?

Para tu corazón

- ¿Recuerdas algún fracaso que hayas experimentado en algo que era muy importante para ti? ¿Algún momento en que te sentiste en la cima del mundo y de repente todo se derrumbó? Pensar en esto podría ayudarte a entender la situación del rey Asuero.

• Ganar siempre y nunca perder. ¡Así es el rey Asuero! ¿Qué ganaría el rey si busca una reina por todo el reino?

(Otro comentario: Por regla general la reina se elegía entre los aliados políticos o las hijas de los consejeros y asesores del rey. En cambio, esta reina sería elegida por amor y complacencia).

• Nuestro estudio se titula *Descubre cómo ser una mujer bella y fuerte*. Ya aprendimos que la reina Vasti era "hermosa" (Est. 1:11). Ahora vemos que el rey va a elegir una nueva reina entre las mujeres más hermosas de su reino. Y no solo eso, sino que realzaría la belleza de las candidatas con "sus atavíos" (v. 3). Ya que iniciamos un estudio profundo acerca de la belleza, miremos un poco lo que Dios dice al respecto. Y no te conformes con anotarlo ¡grábalo en tu corazón!

1 Samuel 16:7

Proverbios 11:22

Proverbios 31:30

Anota en pocas frases lo que significa ser hermosa a los ojos de Dios. Escribe además algo que puedes hacer hoy para realzar la belleza según Dios en tu vida. Y recuerda pasar tiempo en oración para buscar este valor fundamental de la belleza en tu vida.

Cultivar un corazón bello y fuerte

Cuatro versículos. Eso es todo lo que hemos visto hasta ahora y sin embargo tantas lecciones que nos ha aportado el estudio de los sucesos políticos en un palacio. Para concluir este pasaje de las Escrituras recordemos lo aprendido hasta ahora:

Primera lección: Dios. A lo largo de nuestro estudio veremos una y otra vez que todos los acontecimientos del libro de Ester son el resultado de la obra subyacente de Dios a favor de su pueblo. Podemos afirmar con certeza que Dios inspiró en la mente de los consejeros del rey la idea de buscar una reina mediante procedimientos y protocolos inusitados. Dicho plan abrió de par en par las puertas del reino y entonces alguien "insignificante" como Ester pudo entrar. (¡Pero esa es otra lección que nos espera!)

Segunda lección: Belleza. Es alentador recordar el criterio divino acerca de la belleza verdadera. La fe y el carácter y no las apariencias externas, son lo que le importa a Dios. A Él le interesa tu corazón, no tu cabello, ni tus rasgos faciales, ni tu figura. ¿Tu corazón cuenta con el favor de Dios?

Tercera lección: Remordimiento. Empezamos nuestra lección con el remordimiento del rey Asuero por su decisión y acción apresuradas. ¡Espero que estas palabras de consejo te ayuden a la hora de tomar tus propias decisiones!

Mostrar reverencia hacia tu Hacedor.

Manifestar bondad hacia un anciano.

Romper una carta escrita con enojo.

Pedir disculpas para salvar una amistad.

Poner fin a un escándalo que podría destruir la reputación de alguien.

Dedicar tiempo al cuidado de los seres queridos.

Aceptar el juicio perfecto de Dios en cada asunto.[8]

Cómo encontrar
"diamantes en el polvo"

Ester 2:5-7

_C_uando mis padres vendieron la casa que habitaron casi toda su vida, repartieron sus más preciadas posesiones entre mis tres hermanos y yo. Uno de los tesoros que recibí fue un árbol genealógico hecho a mano en caligrafía con pluma y tinta. Cada vez que veo esta obra enmarcada puedo recordar mis antepasados. Allí consta cada unión matrimonial con su fecha, hijos e hijas con sus fechas de boda, así como las de sus hijos y sus hijas y así sucesivamente.

Bueno, amada, hoy vamos a estudiar el árbol genealógico de una familia muy especial que Dios guió a un lugar particular para un tiempo señalado de la historia. Será un poco técnico (al igual que todo árbol genealógico), pero lo presentaré de la manera más sencilla posible. Primero leamos cómo Dios presenta la genealogía de dos miembros de su pueblo.

Ester 2:5-7

⁵Había en Susa residencia real un varón judío cuyo nombre era Mardoqueo hijo de Jair, hijo de Simei, hijo de Cis, del linaje de Benjamín;

⁶el cual había sido transportado de Jerusalén con los cautivos que fueron llevados con Jeconías rey de Judá, a quien hizo transportar Nabucodonosor rey de Babilonia.

⁷Y había criado a Hadasa, es decir, Ester, hija de su tío, porque era huérfana; y la joven era de hermosa figura y de buen parecer. Cuando su padre y su madre murieron, Mardoqueo la adoptó como hija suya.

Del corazón de la Palabra de Dios

1. Primero, algunos detalles del versículo 5. ¿Qué hombre se menciona?

¿Dónde vivía?

¿Qué detalles describe Dios sobre este hombre y su "árbol genealógico"?

Nota: Los benjamitas eran los descendientes del patriarca Benjamín, el hijo menor de Jacob y nieto de Abraham (vea Gn. 35:18, 22b-26). Los benjamitas formaban una de las doce tribus de Israel.

2. Después de leer el versículo 6, ¿qué puedes decir de Cis, el bisabuelo de Mardoqueo?

En 2 Reyes 24:13-16 y 2 Crónicas 36:9-10 encontramos detalles acerca de este trágico suceso. Es evidente que Mardoqueo (y su prima Ester) eran descendientes directos de alguno de los miles de ciudadanos principales de Jerusalén que fueron llevados cautivos a Babilonia.

Revisa también 2 Crónicas 36:22-23. Los antepasados de Mardoqueo no habían regresado a Jerusalén después que Babilonia cayó ante los persas. Fue así como Mardoqueo llegó a Persia.

3. ¿Qué aprendes acerca de Mardoqueo en el versículo 7?

Explica tu respuesta.

¿Cómo es la descripción física de Ester?

¿Qué pasó con sus padres?

(Una pequeña nota: Hadasa era el nombre hebreo de Ester cuyo significado es "mirto". Ester era su nombre persa, que significa "estrella".)

Para tu corazón

• Amada amiga, echa un vistazo a tu árbol genealógico. ¿Todo transcurrió en perfecta armonía para ti y tus antepasados? En el caso de Mardoqueo y Ester no fue así. El exilio y la orfandad que experimentaron son sucesos trágicos y muy dolorosos. ¿De qué manera han sufrido tú, tu familia o tus antepasados?

• La Palabra de Dios nos ofrece aliento para enfrentar el sufrimiento. ¿Cómo te fortalecen estas promesas?

   Salmo 9:9

   Salmo 18:2

   Salmo 23:4

   Salmo 46:1

• Ya vimos que el nombre Ester significa "estrella". Y aquí, como el primer destello de la estrella vespertina, encontramos el primer rayo de luz en una tierra pagana y sin Dios. Hasta ahora el texto bíblico nos ha mostrado múltiples escenas de opulencia, orgullo, ebriedad y glotonería, traición, ira, e intrigas políticas. Luego, de repente, nos encontramos con los primos Ester y Mardoqueo, dos judíos, del pueblo escogido por Dios. En este par de judíos se vislumbra esperanza, se asoma un destello que penetra las tinieblas del mundo persa.

   Esta es una historia del Antiguo Testamento pero pasemos por un momento al Nuevo Testamento para ver cómo debemos brillar e influir sobre este mundo en que vivimos. ¿Qué puedes decir acerca de la "luz" que esparces como cristiana a quienes te rodean?

   Mateo 5:16

   Filipenses 2:15

   Efesios 5:8

• Dios ha tomado la precaución de preservar y registrar en su Palabra la genealogía de su pueblo, como en este pasaje de las Escrituras con la genealogía de Mardoqueo y Ester. Un examen cuidadoso revela que ni Mardoqueo ni Ester tenían familia. Mardoqueo no tiene al parecer esposa ni hijos, Ester quedó huérfana y a pesar de todo se tenían el uno al otro. Llegaron a Persia por la tragedia del cautiverio y a pesar de las circunstancias llegaron al lugar señalado por Dios, al momento exacto para traer un poco de su luz a un mundo entenebrecido. Cada página del libro de Ester tiene el sello de la soberanía y providencia de Dios. ¿Qué es providencia?

> *P*rovidencia es el cuidado permanente con que Dios gobierna el universo que creó.[9]

Amada, ¿reconoces el poder de Dios en cada circunstancia de tu vida, su plan para ti y su divino propósito con todo lo que te sucede? Este es un buen momento para orar y darle gracias a nuestro Dios soberano, Todopoderoso y amoroso por su cuidado permanente cada día y en cada detalle de tu vida.

Cultivar un corazón bello y fuerte

Hoy precisamente me llegó una carta y un paquete de tarjetas de Joni Eareckson Tada. Quizá ya conoces bien la historia de Joni, que a los 17 años se lanzó en un estanque, golpeó con un objeto en el fondo del agua y se fracturó el cuello. Habiendo quedado paralítica del cuello hasta los pies, ha pasado los últimos 25 años confinada a una silla de ruedas. Y a pesar de eso cada tarjeta exhibía una hermosa pintura que esta preciosa mujer dibujó sosteniendo lápices entre sus dientes.

Lo que más me atrae de la carta y las tarjetas de Joni y en lo que medito en esta lección sobre la belleza y fortaleza de Ester, es la capacidad de Joni de encontrar "diamantes en el polvo" de sus dificultades.[10] Detrás del folleto ella escribió:

> Cuando me siento inspirada lo que más disfruto es acercarme a mi caballete y trabajar con mis lápices. Esto requirió años de práctica, ¡pero doy gracias por mis ojos sanos y mis dientes fuertes que me permiten alabar al Señor por medio de mi arte![11]

Amiga mía ¿puedes tú encontrar hasta el más diminuto diamante, como un par de ojos sanos y dientes fuertes, en el polvo de tus dificultades? Como dijo alguien: "Alabar a Dios por nuestras bendiciones las aumenta. Alabar a Dios por nuestros problemas los acaba". Piensa en tus dificultades, ¡y luego levanta una alabanza gloriosa y resonante al trono majestuoso en las alturas!

_ección 5

De lo terrenal a lo misterioso

n mi libro *Ama a Dios con toda tu mente*, incluí esta descripción de otra mujer bella y fuerte, María la madre de nuestro Señor Jesucristo:

> El sol salió aquella mañana como cualquier otra. Al repasar su lista de deberes, nada parecía indicar que aquel día su vida experimentaría una total transformación de lo terrenal a lo misterioso. Pero algo sucedió aquel día que lo cambió todo para siempre.[12]

Al meditar en lo que está a punto de sucederle a Ester, encontramos muchas similitudes entre su situación presente y el día en que la vida de María cambió para siempre. Primero, Ester también era una joven virgen. Segundo, Ester vivía su rutina diaria en el anonimato cuando de repente algo transformó su vida y pasó del plano terrenal al milagroso. Sigue leyendo y entra con la bella Ester en el palacio del rey.

Ester 2:8-11

⁸Sucedió, pues, que cuando se divulgó el mandamiento y decreto del rey, y habían reunido a muchas doncellas en Susa residencia real, a cargo de Hegai, Ester también fue llevada a la casa del rey, al cuidado de Hegai guarda de las mujeres.

⁹Y la doncella agradó a sus ojos, y halló gracia delante de él, por lo que hizo darle prontamente atavíos y alimentos, y le dio también siete doncellas especiales de la casa del rey; y la llevó con sus doncellas a lo mejor de la casa de las mujeres.

¹⁰Ester no declaró cuál era su pueblo ni su parentela, porque Mardoqueo le había mandado que no lo declarase.

¹¹Y cada día Mardoqueo se paseaba delante del patio de la casa de las mujeres, para saber cómo le iba a Ester, y cómo la trataban.

Del corazón de la Palabra de Dios

1. ¿Qué acontecimiento inesperado y asombroso ocurrió en la vida de Ester (v. 8)?

¿Bajo el cuidado de quién fue puesta (v. 8)?

2. Describe la relación entre Ester y Hegai (v. 9).
   Gracias a esa relación, ¿de qué privilegios gozó Ester (v. 9)? Enuméralos.

3. Después de leer el versículo 10, ¿qué más aprendes acerca de Ester?

4. Describe la afectuosa preocupación de Mardoqueo por el bienestar de su prima Ester (v. 11).

Para tu corazón

* Existen muchas teorías acerca de la manera como Ester fue "llevada" al palacio del rey Asuero. Por ejemplo, algunos afirman que Mardoqueo la forzó a participar en el concurso de belleza tan pronto se enteró de este. Otros describen una escena donde Ester es literalmente arrastrada hasta el palacio. La Biblia solo nos dice que fue "llevada" a ese lugar.

  ¿Puedes señalar días cruciales en tu vida? ¿Un día y un suceso que lo cambió todo y después del cual nada fue igual? Algunos somos "llevados" de improviso por una noticia que recibimos por teléfono, por alguien que toca a la puerta, una carta que llega por correo, o una cita médica o jurídica y que marca lo que Corrie ten Boom denomina: "El momento decisivo".[13] En su caso fue cuando los soldados alemanes tocaron a su puerta. Su vida pasó de la normalidad al horror cuando ingresó al campo de concentración nazi aquel día que empezó como cualquier otro. Describe tu día.

* En el caso de Ester, Dios empezó a obrar en medio de su difícil situación. Ser llevada al palacio del rey y participar en la elección de una reina significaba que

Ester podría quedar allí para siempre. Si agradaba al rey sería coronada reina y viviría en el palacio. En caso contrario pasaría el resto de sus días como una concubina más del harén real. ¿Has aguardado un futuro incierto? ¿Cuál fue tu primera reacción? ¿Temor, angustia o sometimiento a Dios? y ¿qué hiciste?

Tras su llegada al palacio real en Susa, las mujeres más hermosas de la región eran puestas bajo la custodia de Hegai, el guarda de las mujeres. Este hombre era el jefe de los eunucos y era "por lo general un desagradable anciano en el que confiaban mucho las mujeres de la corte y cuyo favor procuraban siempre".[14]

¿Cuáles son algunas virtudes del carácter de Ester y posibles manifestaciones de belleza verdadera que según la Biblia hallan gracia delante de Dios y de los demás? (Sé que ya he mencionado algunas y que tal vez las subrayemos de nuevo pero como mujeres es importante que procuremos la belleza y la fortaleza que vienen de Dios y comprendamos lo valiosas que son para Él. Tal vez quieras usar un diccionario y anotar las definiciones de estas hermosas cualidades.)

Proverbios 11:16

Proverbios 31:10

Proverbios 31:26

Proverbios 31:30

• En estos versículos queda claro que la mano de Dios actúa de nuevo a favor de su pueblo, haciendo que Ester halle gracia delante del guarda de las mujeres. Recuerda el caso de otros dos judíos que fueron obligados a vivir como extranjeros en una tierra lejana. ¿Qué hay en común entre las circunstancias que vivieron?

Génesis 37:26-28; 39:1-4

Daniel 1:1-9

¿De qué manera te anima ver el cuidado atento y amoroso de Dios hacia estos tres oprimidos? ¿Enfrentas ahora una situación en la que necesitas recordar que Dios te cuida y no descansa?

* Un comentario más: Mardoqueo le pidió a Ester mantener en secreto su identidad judía. También se ha especulado mucho al respecto de esta solicitud. Y de nuevo la Biblia guarda silencio. Como veremos a lo largo del libro de Ester, Mardoqueo era un hombre muy sabio. Tal vez él y Ester pusieron así en práctica los principios sabios que encuentras en los siguientes versículos. Defínelos tú misma.

Proverbios 13:1

Proverbios 13:3

Cultivar un corazón bello y fuerte

Es indiscutible que la belleza es mucho más que simples apariencias. ¡Lo que somos en nuestro interior siempre se refleja mejor de lo que parecemos en nuestro exterior! Hegai, el eunuco, estaba rodeado de las mujeres más hermosas del país. (¡Se calcula que la redada real logró juntar más de 400 encantadoras doncellas!) A pesar de eso, algo brilló tanto en nuestra Ester que llamó la atención de Hegai. Sin duda alguna pudo ser su fortaleza y belleza, la verdadera belleza de las firmes cualidades del carácter. Sin embargo, amada lectora, también debió ser el favor y cuidado divinos manifiestos en cada detalle de su delicada situación. Después de revisar mis apuntes de una fuente bibliográfica que ya no recuerdo, concluyo que Ester recibió un tratamiento preferente que podría definirse como "ventajas prácticas que Dios provee a través de otros". ¡Qué maravillosa verdad en la cual podemos descansar! Por favor anota esa definición en tu Biblia o diario, o al menos en la contraportada de este libro.

Siempre que oro pensando en la providencia de Dios y su manera de llevarnos de lo terrenal a lo misterioso, mi mente evoca de inmediato el Salmo 139 y el amor envolvente de Dios por nosotros, su pueblo. Creo que no hay mejor manera de concluir esta lección que leer el Salmo 139 directamente de tu Biblia y luego declarar junto con el salmista: "Tal conocimiento es demasiado maravilloso para mí; alto es, no lo puedo comprender" (Sal. 139:6).

Lección 6

Antesala para conocer al rey

Ester 2:12-15

Yo vivo al sur de California ¡y puedo asegurarte que por aquí los *"spa"* hacen furor! Está de moda tomarse un día o una semana libre para ingresar en un *spa* privado y apartado en una lejana montaña o a orillas de la costa pacífica. Con frecuencia aparecen ofertas especiales en la televisión, donde no solo mencionan los diez mejores *spas* de la región, ¡sino los mejores del mundo! Estos mensajes publicitarios muestran hombres y mujeres que saborean batidos de frutas y cenas saludables en un balcón con una vista espléndida, sumergidos en baños minerales calientes, envueltos en barro y mascarillas, en arreglos de uñas y pies. Y para quienes no pueden pagar o sacar tiempo para dichas salidas, está disponible un paquete de tratamiento que puede llevarse y disfrutarse en casa por un precio razonable.

Sin embargo, amiga mía, ¡nada de lo que vemos hoy en tratamientos de belleza y spas se compara con las prácticas de los días de Ester! Si quieres conocer los detalles, lee el siguiente pasaje bíblico.

Ester 2:12-15

[12]Y cuando llegaba el tiempo de cada una de las doncellas para venir al rey Asuero, después de haber estado doce meses conforme a la ley acerca de las mujeres, pues así se cumplía el tiempo de sus atavíos, esto es, seis meses con óleo de mirra y seis meses con perfumes aromáticos y afeites de mujeres,

[13]entonces la doncella venía así al rey. Todo lo que ella pedía se le daba, para venir ataviada con ello desde la casa de las mujeres hasta la casa del rey.

[14]Ella venía por la tarde, y a la mañana siguiente volvía a la casa segunda de las mujeres, al cargo de Saasgaz eunuco del rey, guarda de las concubinas; no venía más al rey, salvo si el rey la quería y era llamada por nombre.

[15]Cuando le llegó a Ester, hija de Abihail tío de Mardoqueo, quien la había tomado por hija, el tiempo de venir al rey, ninguna cosa procuró sino lo que dijo Hegai eunuco del rey, guarda de las mujeres; y ganaba Ester el favor de todos los que la veían.

Del corazón de la Palabra de Dios

1. Describe el "tratamiento de belleza" que recibieron las mujeres que fueron llevadas al palacio del rey y cuyo fin era embellecerlas para presentarse ante el rey (v. 12). *las tenían 6 meses con aceites, perfumes. baños de sales minerales y flores.*

2. ¿Qué otros beneficios recibían las jóvenes para su cita con el rey (v. 13)? *clases de ética y moral todo lo que querían.*

3. Después de presentarse ante el rey Asuero, ¿qué esperaba cada mujer y a dónde regresaba (v. 14)?

4. Cuando a Ester le llegó el tiempo de presentarse ante el rey, ¿qué pidió para realzar su apariencia (v. 15)? *consejo nada del otro mundo saber elegir.* ¿Cuál fue la impresión que causó ella en todos los que la vieron (v. 15)? *ganó gracia por su humildad. Sencilla Sensible*

Para tu corazón

- ¡Doce meses! ¿Puedes imaginar un año entero de preparación? El tratamiento de belleza para estas mujeres y para Ester consistía en ungirse y perfumarse durante doce meses con especias costosas, aceites aromáticos y cosméticos. El objetivo era limpiar y depilar, aclarar y mejorar el tono de la piel, suavizar y perfumar, quitar manchas e imperfecciones.

  Dios, en cambio, ha ideado un "tratamiento de belleza" más poderoso y eficaz para las mujeres que le pertenecen. Lee con atención 1 Timoteo 2:9-10, llena la siguiente tabla que señala lo que es importante para Dios y luego disfruta leyendo el comentario respectivo.

Lo que SÍ debe importarme...   Lo que NO debe
preocuparme...

*A*unque no está mal que las mujeres cristianas
quieran verse bien, cada una debe examinar
sus propias motivaciones. El mundo actual le
concede una gran importancia a la belleza y las
mujeres perfectas de las portadas de revista no
dejan de mirarnos. Si bien las mujeres cristianas
pueden vestirse bien y cuidar su apariencia,
deben igualmente evitar que esta se vuelva una
obsesión...

Un exterior bien adornado y cuidado resulta
artificial y frío si carece de belleza interior. Las
Escrituras no condenan el deseo de las mujeres de
verse atractivas. Sin embargo, la belleza empieza
por el interior. Un carácter benigno, tierno y
recatado ilumina el rostro como ningún cosmético
y joya en el mundo. Las mujeres cristianas no
deben descuidar su apariencia. Más bien, Pablo las
exhorta a rechazar el ideal de belleza del mundo.
El adorno de las cristianas no consiste en lo que
lucen en su exterior sino en lo que hacen por los
demás.[14]

Como mujer conforme al corazón de Dios, ¿debes
preocuparte menos por tu apariencia externa y más por
lo que sucede en tu corazón? Anota algunas sugerencias

acerca de cómo una mujer puede nutrir su corazón (y asegúrate de aplicarlas también en tu vida).

¿Los demás te describirían como una mujer hermosa por sus buenas obras? Dedica tiempo a pensar en tu servicio al prójimo. (¡Y recuerda encabezar la lista con las buenas obras que haces por los que viven bajo tu mismo techo!)

• Belleza y fortaleza. Ya vimos que Ester era hermosa (Est. 2:7). De hecho, gozaba de esta bendición en doble medida: Era "bella" (que significa esbelta o elegante) y "hermosa" (de rostro y semblante). Y ahora pasa por un año completo para realzar esa belleza que Dios le dio. Aún así, cuando le correspondió el turno de presentarse ante el rey Asuero y se le dio la oportunidad de lucir el traje de su agrado, ¿a quién le pidió consejo Ester y cómo siguió ese consejo (v. 15)?

¡Aquí hay belleza y fortaleza extraordinarias! En lugar de pedir lujosos adornos, joyas y vestidos (que según muchos eruditos se les permitía conservar a las mujeres después de su cita con el rey), Ester pidió sabiduría y consejo del único hombre que en realidad conocía los gustos del rey. Busca los siguientes versículos acerca de lo bello que es buscar y recibir consejo.

Proverbios 12:15

Proverbios 13:10

Proverbios 15:22

Proverbios 20:18

¿Cuentas con una "multitud de consejeros"? Nombra aquellos de quienes acostumbras pedir consejo.

Asimismo, escribe qué tan dispuesta estás por lo general a aceptar sus consejos.

¿Qué dice Proverbios 28:26 acerca de la mujer que confía en su propio corazón?

• Y ¿qué pasó gracias a que Ester atendió el consejo que recibió antes de presentarse ante el rey Asuero (v. 15)?

Cultivar un corazón bello y fuerte

¿Te parece que la oportunidad de Ester parece el cuento de Cenicienta? ¡Pues no te emociones demasiado! Por tentador que parezcan tantos mimos y la oportunidad de atesorar costosos bienes, Ester y las otras mujeres no eran más que concubinas, propiedad especial del rey cuya única razón de existir era darle placer.

¿Y después qué? Después de todos los preparativos de belleza y una noche entera para conocer al rey, estas mujeres que fueron llevadas al palacio vivían el resto de sus vidas en el harén de concubinas, donde pasaban el resto de sus días en lujosa pero solitaria reclusión. Ninguna podía abandonar el harén, ni casarse ni regresar a su familia.[15]

Sin duda alguna tú y yo le damos gracias a Dios por lo que somos, por el lugar donde vivimos y lo que tenemos, en lugar de ambicionar lo que parece más ventajoso en la vida de otros. Sin duda consideramos también una bendición el hecho de que nuestro futuro no dependa exclusivamente del fugaz encuentro con un gobernante. ¡Y seguramente también debemos prestar tanta atención a nuestra belleza interior como aquellas mujeres lo hicieron con su belleza exterior! Oremos como Sócrates, el gran filósofo griego: "Concédeme poder ser bello por dentro".[16]

Estos son algunos ingredientes de la receta divina para ser bella en tu interior:

#1. Define lo que es la verdadera belleza, leyendo la Biblia.

#2. Deséala y ora para tenerla.

#3. Búscala con diligencia.

#4. Pide consejo en tu búsqueda.

*L*ección 7

Convertirse en reina

Ester 2:16-18

*C*ómo se convierte en reina una mujer? Casi siempre por nacimiento, herencia, privilegios y riquezas. Hay muchas historias de mujeres que fueron coronadas reinas en virtud de las ventajas políticas o financieras que le reportaban al esposo.

En cambio Dios, el Protector omnipresente, Todopoderoso e incansable de su pueblo, tenía otros planes para Ester. Y ¿quién era ella? Si comparamos sus credenciales con las de muchas otras reinas, podrías inclinarte a pensar que Ester era alguien insignificante. Del historial personal de Ester hemos aprendido hasta ahora que era:

46

✓ judía   ✓ huérfana

✓ prima de Mardoqueo   ✓ hermosa

En definitiva, esta breve e insignificante lista no representa ventaja alguna para que Ester se convirtiera en reina de algún imperio. De hecho, es inexplicable cómo un hombre del perfil del rey Asuero pudiera llegar a conocer a alguien como Ester, excepto por el plan y la providencia divinos. Sigamos nuestra lectura y veamos lo que sucede a continuación...

Ester 2:16-18

¹⁶Fue, pues, Ester llevada al rey Asuero a su casa real en el mes décimo, que es el mes de Tebet, en el año séptimo de su reinado.

¹⁷Y el rey amó a Ester más que a todas las otras mujeres, y halló ella gracia y benevolencia delante de él más que todas las demás vírgenes; y puso la corona real en su cabeza, y la hizo reina en lugar de Vasti.

¹⁸Hizo luego el rey un gran banquete a todos sus príncipes y siervos, el banquete de Ester; y disminuyó tributos a las provincias, e hizo y dio mercedes conforme a la generosidad real.

Del corazón de la Palabra de Dios

1. Como hemos visto, Dios registra todo con absoluta precisión. ¿Qué nos dice el versículo 16 acerca de lo que ocurre? *ester fue escogida por el rey*

2. ¡Suficientes detalles históricos! Ahora, ¿qué aprendemos acerca de la reacción del rey Asuero cuando Ester se presenta ante él (v. 17)? *Ayo gracia y se enamoro de ella ester*

Gracia. Favor trato especial.

la hizo reina

¿Cómo demostró su admiración por Ester (v. 17)?

3. ¿Qué hizo además el rey Asuero para expresar su dicha (v. 18)?

Cuando tienes gracia el favor de Dios.

disminuyo el tributo para todos. un gran banquete.

¿Quién ofreció generosos obsequios (v. 18)?

el rey a

¿Cómo participaron los habitantes de las otras 126 provincias en la celebración real (v. 18)?

Para tu corazón

- Tiempo. Ha pasado el tiempo. Nuestro estudio del libro de Ester revela que de tres y medio a cuatro años transcurrieron entre el destronamiento de la reina Vasti por negarse a venir ante el rey Asuero y el momento en que Ester se presentó ante él. ¡Y el tiempo nunca pasa en vano! ¿Por qué? Porque Dios siempre está obrando. En ese lapso los consejeros del rey idearon un plan sin precedentes para elegir a la nueva reina, se libró y perdió una guerra y Ester pasó un año de embellecimiento en el palacio.

  ¿Hay algún aspecto de tu vida que parece estancado? ¿Aún "esperas" poder graduarte? ¿Un esposo? ¿Hijos o nietos? ¿Un ascenso para tu esposo? ¿El dinero que necesitas? ¿Una misión? ¿Una respuesta a la oración? Al meditar en la providencia de Dios y su obra incesante en medio de tu espera, ¿qué puedes cambiar en tu manera de pensar y en tu actitud mientras esperas? ¿Y en tu actitud frente a cada día, incluso el más ordinario?

  ¿Cómo puedes animar a otros que esperan después de comprender el cuidado constante de Dios cada segundo, minuto, día, semana y año de tu vida?

* Gracia. La providencia de Dios se manifiesta en la gracia y el favor que Él le dio a Ester a los ojos de los demás. Ester halló gracia delante de Hegai (Est. 2:9), de todos los que la conocían (v. 15), y del rey Asuero (v. 17). Ella se ganó el corazón de las personas y ahora conquistó el corazón del rey. ¿Valoras tú las bendiciones que recibes, como las oportunidades para servir al Señor, alguna promoción o trato preferencial? ¿Las "ves" como la mano de Dios obrando en tu vida? ¿Tienes presente reconocerlo y darle gracias a Él por cada "favor" que recibes?

Mira el Salmo 75:6-7. ¿Cómo puedes ser más sensible al cuidado de Dios en tu vida (y en la de otros)?

Ahora lee el Salmo 103:2. ¿Cómo puedes ser más consciente de los "beneficios" o favores? ¿Qué puedes hacer para "no olvidar" las misericordias del Señor y bendecirlo?

* Festividad. ¡Qué complacido estaba el rey Asuero con Ester! ¡Qué orgulloso se sentía de su nueva y hermosa reina! Tan orgulloso que ofreció un banquete en su honor y lo llamó "el banquete de Ester". Instituyó una celebración y dio regalos. En muchos sentidos el mensaje que se difundió por todo el reino fue claro y sonoro: ¡Hay una nueva reina, Ester y el rey está dichoso!

Cultivar un corazón bello y fuerte

¿Te causa extrañeza la providencia de Dios? ¿El hecho de que siempre dirige todo hacia el cumplimiento de sus propósitos? En palabras de mi pastor, John MacArthur:

"La providencia es como la mano de Dios que actúa bajo el guante de los acontecimientos humanos".

En estos primeros capítulos del libro de Ester hemos visto los esfuerzos humanos por lograr impresionar, dirigir, gobernar y controlar y en medio de todo esto, Dios que usa personas, sucesos y circunstancias para llevar a cabo su voluntad perfecta. Como puedes ver, el rey Asuero nunca tuvo el control sobre su reino. A sus consejeros tampoco se les ocurrió una brillante idea para encontrar una reina que fuera del agrado del rey. El rey Asuero tampoco eligió a Ester como reina. Dios simplemente usó a estas personas para dirigir todo hacia su propósito: Preservar, proteger y cuidar a su pueblo.

Dios coronó a la reina Ester, de tal manera que una joven judía y huérfana pudiera ingresar al palacio sin otro mérito o derecho aparte de la belleza que Él le dio. Bien podríamos titular nuestra lección: "Dios elige una reina".

Amada y bella mujer, en nuestra búsqueda de la belleza y fortaleza que vienen de Dios, nada mejor que una confianza profunda y permanente en Él. Nunca debemos atemorizarnos, ni asustarnos, ni extrañarnos, ni dudar que Dios tiene todo bajo control y sabe lo que hace. La verdadera belleza y fortaleza confía en el cuidado absoluto de Dios, aun en los detalles más insignificantes de la vida. Encontramos su belleza cuando descansamos en su providencia y su fortaleza cuando dependemos de ella.

Lección 8

Informar al rey

Ester 2:19-23

*D*ios obra de muchas maneras, como hemos visto en cada lección sobre el libro de Ester. Lo hemos visto actuar en las altas esferas de manera poderosa cuando Vasti fue depuesta del trono. En esta lección lo vemos obrar en un suceso cotidiano y ordinario cuando Mardoqueo escucha sin querer la conversación entre dos hombres. Como veremos en el siguiente pasaje, el fiel primo de la reina Ester era también un hombre sabio y fuerte. Podemos ver el sabio consejo y el tierno cuidado que le brindó a Ester al criarla, educarla, cuidarla y guiarla.

Aun viviendo Ester en el palacio, Mardoqueo nunca se alejó demasiado de ella. Ya vimos que Mardoqueo se paseó antes delante del patio de las mujeres (Est. 2:11). Ahora aparece sentado a la puerta del rey cuando escucha algo que lo obligó a actuar por lealtad y vemos de nuevo su fortaleza y carácter.

Leamos el relato exacto de lo que sucedió en un día "común" en la vida de Mardoqueo y Ester.

Ester 2:19-23

19 Cuando las vírgenes eran reunidas la segunda vez, Mardoqueo estaba sentado a la puerta del rey.

20 Y Ester, según le había mandado Mardoqueo, no había declarado su nación ni su pueblo; porque Ester hacía lo que decía Mardoqueo, como cuando él la educaba.

21 En aquellos días, estando Mardoqueo sentado a la puerta del rey, se enojaron Bigtán y Teres, dos eunucos del rey, de la guardia de la puerta, y procuraban poner mano en el rey Asuero.

22 Cuando Mardoqueo entendió esto, lo denunció a la reina Ester, y Ester lo dijo al rey en nombre de Mardoqueo.

23 Se hizo investigación del asunto, y fue hallado cierto; por tanto, los dos eunucos fueron colgados en una horca. Y fue escrito el caso en el libro de las crónicas del rey.

Del corazón de la Palabra de Dios

1. Empecemos con unas preguntas introductorias: ¿Qué sucede en el versículo 19?

aparece mardoqueo sentado

¿Dónde estaba Mardoqueo?   *sentado en la puerta del Rey*

Mira de nuevo Ester 2:10 y luego el versículo 20. ¿Qué información se repite?

¿Qué explicación se da (v. 20)?   *Ester hacía lo que mardoqueo le decía*

¿Cuál fue la respuesta de Ester frente al consejo de Mardoqueo (v. 20)?   *obedecerlo*

2. La segunda reunión de vírgenes del versículo 19 queda sin explicación. Esto es lo importante: ¿Quiénes eran Bigtán y Teres (v. 21)?   *dos enucos del rey*

¿Qué hicieron (v. 21)?   *se enojaron y tramaron algo del rey encontra del rey para matorlo.*

¿Cómo manejó Mardoqueo la información que recibió directa o indirectamente sobre los planes de estos hombres (v. 22)?   *lo denunció a la reina ester.*

¿Cómo se involucró Ester en el asunto (v. 22)?   *Se lo dijo al rey.*

3. Anota en orden los acontecimientos relatados en el versículo 23.   *Se investigó, el asunto se descubrió era cierto los 2 enucos fueron colgados y fueron escritos el el libro del Rey.*

Para tu corazón

• Ester es ahora la reina y sin embargo ¿qué hace en el versículo 20?

¿Qué revela esto de su carácter?

¿Por qué piensas que Ester aún le pedía consejo a Mardoqueo?

Toma nota de lo que dice Proverbios 13:14 acerca de la ley del sabio y también Proverbios 19:20.

¿Eres una mujer bella y fuerte porque siempre atiendes el consejo sabio y fiel? ¿Qué cambios debes realizar para adquirir esta invaluable señal de belleza?

¿Cuáles son los consejeros sabios y fieles con quienes cuentas para buscar consejo?

• Siempre que recibimos alguna información tenemos que procesarla. Debemos decidir cómo manejarla, cómo tratarla. Necesitamos sabiduría para saber si debemos comunicarla, olvidarla, o actuar al respecto. Este es el dilema que enfrentó Mardoqueo: Hablar o callar. Y en este caso Mardoqueo comprendió la gravedad y magnitud de lo que había escuchado ¡y actuó! Recordemos de qué manera lo hizo.

Y Ester ¿qué hizo?

Al meditar en la belleza y la fortaleza de carácter que demostraron Mardoqueo y de Ester en este episodio, ¿qué cualidades vienen a tu mente?

¿Qué pudieron haber hecho a cambio? (¡Recuerda la clase de hombre que era el rey Asuero!)

• Este ejemplo de sumisión y autoridad del Antiguo Testamento nos recuerda algunos pasajes del Nuevo Testamento tocantes a nuestro comportamiento hacia quienes están en eminencia. Anota tus conclusiones sobre los siguientes pasajes:

Romanos 13:1, 7

1 Pedro 2:13-14

1 Pedro 2:17-18

En Daniel 4:28-33 puedes leer otro ejemplo de un hombre que sirvió y honró fielmente a su rey. ¿Qué clase de hombre era el rey Nabucodonosor, a quien Daniel estimaba?

Medita un momento en quienes están "sobre" ti en una posición de autoridad. Ester tenía a su esposo, Asuero y a su primo, Mardoqueo. Mardoqueo, a su vez, era un hombre bajo autoridad, pues servía al rey e incluso se sentaba a la puerta del rey como un oficial de alto rango. ¿A quiénes debes servir y honrar con toda solicitud?

¿Qué tan firme es tu lealtad hacia ellos? ¿Necesitas cambiar algo en tu corazón? Si es así, ¿qué clase de cambios debes hacer?

¿Qué excepción a la sumisión y la lealtad presenta Hechos 4:19-20?

¿Y Hechos 5:29?

Cultivar un corazón bello y fuerte

En nuestro objetivo de llegar a ser mujeres conforme al corazón de Dios es indiscutible que Ester y su primo Mardoqueo nos dan ejemplo de dos cualidades invaluables y dignas de imitar.

#1. Consejo sabio. Para ser sabias debemos rodearnos de personas sabias. Ya mencionamos la "multitud de consejeros". ¿Cuentas con ellos? Si no, ¡anímate! Sigue buscando y orando. En algún lugar están. Tal vez no los encuentres en la multitud, porque otra marca de sabiduría es la discreción: "En el corazón del prudente *reposa la sabiduría*; pero no es conocida en medio de los necios" (Pr. 14:33, cursiva añadida). En cambio, el necio se hace sentir. La sabiduría reposa en el corazón del que la posee, como nos enseña otro proverbio: "Como aguas profundas es el consejo en el corazón del hombre; mas el hombre entendido lo alcanzará" (Pr. 20:5).

Por otro lado, nunca descuides la lectura. Muchas mujeres y consejeros sabios han plasmado su sabiduría en libros. Hay muchas obras disponibles que nacieron del corazón y la mente de miles de hombres y mujeres sabios.

#2. Compromiso fiel. El rey Asuero era un hombre difícil pero era el esposo de Ester y el monarca de Mardoqueo. Por consiguiente, le mostraron lealtad. En lugar de considerar el asesinato del rey como la "salida" a su propia situación forzosa y difícil, actuaron para salvar su vida. Aunque Ester había sido "quitada" del lado de Mardoqueo y llevada al palacio real (Est. 2:8), ambos fueron fieles al gobierno legítimo y al soberano del cual eran súbditos.

Para cultivar el carácter en tu vida, busca el consejo sabio y cumple con lealtad tus compromisos a quienes sirves, sea en la casa o en tu trabajo. Entonces andarás según la belleza y fortaleza de una mujer conforme al corazón de Dios.

Lección 9

Las "pequeñas zorras"

Ester 3:1-6

*S*alomón, considerado el hombre más sabio de la historia, escribió acerca de: "las zorras pequeñas, que echan a perder las viñas" (Cnt. 2:15). Este dicho alude a los innumerables problemas pequeños que pueden echar a perder algo de mucho valor. Y sin duda, en esta lección del libro de Ester encontramos algo insignificante que empieza a hacer tambalear a un hombre poderoso. Busca tu Biblia y échale un vistazo a un hombre muy particular.

57

Ester 3:1-6

¹Después de estas cosas el rey Asuero engrandeció a Amán hijo de Hamedata agagueo, y lo honró, y puso su silla sobre todos los príncipes que estaban con él.

²Y todos los siervos del rey que estaban a la puerta del rey se arrodillaban y se inclinaban ante Amán, porque así lo había mandado el rey; pero Mardoqueo ni se arrodillaba ni se humillaba.

³Y los siervos del rey que estaban a la puerta preguntaron a Mardoqueo: ¿Por qué traspasas el mandamiento del rey?

⁴Aconteció que hablándole cada día de esta manera, y no escuchándolos él, lo denunciaron a Amán, para ver si Mardoqueo se mantendría firme en su dicho; porque ya él les había declarado que era judío.

⁵Y vio Amán que Mardoqueo ni se arrodillaba ni se humillaba delante de él; y se llenó de ira.

⁶Pero tuvo en poco poner mano en Mardoqueo solamente, pues ya le habían declarado cuál era el pueblo de Mardoqueo; y procuró Amán destruir a todos los judíos que había en el reino de Asuero, al pueblo de Mardoqueo.

Del corazón de la Palabra de Dios

1. Un nuevo capítulo y un nuevo personaje. ¿A quién encontramos por primera vez en el versículo 1? ¿Cómo fue honrado por el rey (v. 1)?

2. Sin embargo, en el versículo 2 surge un problema.
   ¿Cuál fue el mandato del rey? *Q-se mdmaran y amodillaran.*

   ¿Y cuál fue el conflicto? *mardoqueo no se mdmaba ni arodillaba ante el*

3. Cuando los sirvientes del rey interrogaron a Mardoqueo,
   ¿qué información les reveló él (v. 4)? *Que el era Judio*

   ¿Cuál fue la respuesta de Amán (v. 5)? *lo enfurecio Se lleno de ira en suego*

   En vez de saciar su ira contra un solo hombre, ¿qué
   medida decidió adoptar Amán (v. 6)? *Que el no se no arrodillaria o ni humillaba*

Para tu corazón

• Amán. ¡Conoce al nuevo consentido del rey! ¿Qué
  aprendes acerca del carácter de Amán en esta lección?

  (Cabe agregar que la palabra "destruir" del versículo 6
  aparece 25 veces en el libro de Ester. Pronto veremos
  cómo evoluciona el deseo de Amán de "destruir a todos
  los judíos que había en el reino de Asuero, al pueblo de
  Mardoqueo" a medida que avanzamos en los capítulos
  restantes.)

• Mardoqueo. ¿Qué aprendes acerca del carácter de
  Mardoqueo en esta lección?

  Hay varios argumentos que han presentado los eruditos
  en relación con la conducta de Mardoqueo. Uno es que
  los judíos se inclinaban ante sus reyes pero cuando los
  persas se inclinaban ante los suyos equivalía a rendir
  honores a un ser divino. Un ejemplo de esto se encuentra
  en Daniel 3:4-5, 12. ¿Qué respondieron Daniel y sus
  amigos al rey Nabucodonosor en Daniel 3:18? Otra

opinión es que los judíos tenían por costumbre no inclinarse ante sus captores cuando vivían en el exilio.

• Ester. Es cierto que Ester no ocupa el lugar protagónico en este pasaje. Sin embargo, los preparativos para el drama y el desastre aparecen en estos seis versículos y se conjugan para afectar no solo a Mardoqueo, sino también a Ester y a todos los judíos del Imperio Persa.

Cultivar un corazón bello y fuerte

Si nos fijamos en Amán, es inevitable sorprenderse ante la "pequeñez" de una persona que parece tan "grande". Amán gozaba de la posición más eminente del reino, solo precedido por el rey. Y sin embargo estaba reducido al odio que respiraba contra una persona, Mardoqueo. Furioso porque un hombre no se inclinaba ante él, Amán demostró su flaqueza al maquinar el exterminio de todo el pueblo de Mardoqueo.

En Amán vemos muchos rasgos negativos. Para empezar, ira, enojo, desdén y odio. Su comportamiento nos obliga a cuestionarnos: "¿Me enfada la conducta de alguien?" Como cristianas debemos desechar el enojo (Ef. 4:31). Debemos abandonar la ira porque trae consecuencias devastadoras. Los matrimonios se acaban por la ira. Las peleas familiares se prolongan durante años por la ira. Los amigos se separan por la ira. Las iglesias se dividen por la ira.

Proverbios 19:11 también nos habla del manejo sabio de una ofensa: "La cordura del hombre detiene su furor, y su honra es pasar por alto la ofensa". Lo que caracteriza a una persona verdaderamente "grande" es la capacidad de pasar por alto algunas "pequeñeces" y ofensas en lugar de permitir que "zorras pequeñas" echen a perder las viñas. Así lo expresa Filipenses 4:5: "Vuestra gentileza sea conocida de todos los hombres". Nuestra humildad, dominio propio, sensatez y generosidad deben ser manifiestos a todos. En otras palabras, debemos pasar por alto las pequeñeces. Nuestra "gran" gentileza debe ser evidente para todos.

¿Cómo vas hasta aquí, amada mujer conforme al corazón de Dios?

La ira ya es bastante mala, pero el odio es aún más destructivo. La ira de Amán se convirtió en odio puro cuando empezó a planear la aniquilación de Mardoqueo y de todo su pueblo, los judíos. Poco sabía Amán que al acometer contra el pueblo de Dios, los judíos, provocaba la ira divina, pues Él le había dicho a su pueblo dispersado y exiliado: "porque el que os toca, toca a la niña de su ojo" (Zac. 2:8).

¿Cómo podemos tú y yo actuar con verdadera "grandeza" frente a las innumerables "pequeñeces" de la vida que nos lastiman? O ¿cómo podemos dejar de cazar "zorras pequeñas"? Ensaya estos breves consejos para adquirir belleza y fortaleza.

#1 Cultiva la bondad. "La mujer agraciada tendrá honra" (Pr. 11:16).

#2 Elige una respuesta amable y desecha. "toda amargura, enojo, ira, gritería y maledicencia" (Ef. 4:31-32).

#3 Limpia tu corazón de cualquier raíz de amargura que pueda brotar, causarte problemas o contaminarte (He. 12:15).

#4 Vístete de amor, así como de entrañable misericordia, de benignidad, de humildad, de mansedumbre y de paciencia (Col. 3:12-14).

Fecha para un pogromo

Ester 3:7-15

*P*repárate amiga! ¡Lo que estás a punto de leer no es hermoso ni digno de alabanza! Te parecerá increíble lo que vas a leer en el siguiente pasaje de la Biblia. ¡Es horrible! ¡Terrible! ¡Inimaginable y perverso! Se trata de la conspiración para ejecutar un pogromo. ¿Esta palabra es nueva para ti? (Lo fue para mí.) Significa matanza, holocausto y masacre. Es carnicería, mortandad, exterminio y derramamiento de sangre. Alístate, ora y empieza a leer.

Ester 3:7-15

⁷En el mes primero, que es el mes de Nisán, en el año duodécimo del rey Asuero, fue echada Pur, esto es, la suerte, delante de Amán, suerte para cada día y cada mes del año; y salió el mes duodécimo, que es el mes de Adar.

⁸Y dijo Amán al rey Asuero: Hay un pueblo esparcido y distribuido entre los pueblos en todas las provincias de tu reino, y sus leyes son diferentes de las de todo pueblo, y no guardan las leyes del rey, y al rey nada le beneficia el dejarlos vivir.

⁹Si place al rey, decrete que sean destruidos; y yo pesaré diez mil talentos de plata a los que manejan la hacienda, para que sean traídos a los tesoros del rey.

¹⁰Entonces el rey quitó el anillo de su mano, y lo dio a Amán hijo de Hamedata agagueo, enemigo de los judíos,

¹¹y le dijo: La plata que ofreces sea para ti, y asimismo el pueblo, para que hagas de él lo que bien te pareciere.

¹³Y fueron enviadas cartas por medio de correos a todas las provincias del rey, con la orden de destruir, matar y exterminar a todos los judíos, jóvenes y ancianos, niños y mujeres, en un mismo día, en el día trece del mes duodécimo, que es el mes de Adar, y de apoderarse de sus bienes.

¹⁴La copia del escrito que se dio por mandamiento en cada provincia fue publicada a todos los pueblos, a fin de que estuviesen listos para aquel día.

¹⁵Y salieron los correos prontamente por mandato del rey, y el edicto fue dado en Susa

capital del reino. Y el rey y Amán se sentaron a beber; pero la ciudad de Susa estaba conmovida.

Del corazón de la Palabra de Dios

1. La ruleta. Cualquier diccionario define la *ruleta* como un juego de azar que consiste en lanzar una bola dentro de una rueda giratoria hasta que esta se detiene en alguna de las casillas numeradas y define el resultado de las apuestas. Bueno, lo que sucede en el versículo 7 es una especie de ruleta, solo que el juego se hacía echando "Pur" o "suertes", y los intereses en cuestión eran de gran envergadura y perversos. Lee de nuevo Ester 3:6. ¿Para qué se echaban suertes según el versículo 7?

¿Quién dirigió la actividad?

¿Cuándo tendría lugar este hecho despreciable?

2. La petición. ¿Cómo describió Amán al pueblo judío ante el rey Asuero (v. 8)? *pueblo con leyes diferentes. de las de todo pueblo*

¿Cuál fue la conclusión de Amán respecto a este pueblo (v. 8)? *No guardan las leyes del pueblo*

En su acostumbrado tono lisonjero ¿qué sugirió Amán como solución y qué otro atractivo añadió a su propuesta para suavizar el convenio (v. 9)? *les iba a dar dinero (plata) para ser traídos a los tesoros del Rey*

3. La respuesta. ¿Qué respondió el rey Asuero a la propuesta de Amán (v. 10)? *le dio su anillo*

¿Y en el versículo 11? *la plata que ofreces sea para ti así mismo el pueblo*

No olvides responder ¿cuál es la descripción de Amán en el versículo 10? *enemigo de los Judíos*

4. Los resultados. Firma, sellos y correos. Estas palabras resumen los versículos 12-14. El decreto para ejecutar la masacre de los judíos fue escrito en todos los idiomas de los pueblos que conformaban las 127 provincias del reino y luego sellado con el anillo del rey, de manera que fuera irrevocable (vea Est. 1:19). Después, las cartas con el decreto fueron enviadas por correo a todo el reino. Observa bien la absoluta vileza del contenido del decreto y escribe lo que se ordenaba a los habitantes del país en contra de los judíos en el versículo 13. *ordenes de destruir matar y exterminar a todos los judíos*

5. La comida. Después de lo decretado, ¿qué hicieron el rey Asuero y Amán (v. 15)? *Se sentaron a beber*

¿Y cuál es la manera contrastante como los habitantes de la ciudad (judíos y no judíos por igual) recibieron la noticia?

(Un dato interesante: La fecha que se fijó para la matanza judía tras echar suertes era de once meses a partir del edicto).

Para tu corazón

• La ruleta. ¿Quién crees tú que controla todas las cosas, incluso la fecha señalada por las suertes o los dados? (La respuesta se encuentra en Pr. 16:33). *Jehová (God) Dios*

• La petición. ¿Ves hasta qué punto se puede tergiversar un hecho cierto debido al uso de términos imprecisos, mentiras y exageraciones? Encontramos una situación parecida en Génesis 29:7-18.

- **La respuesta.** La respuesta del rey Asuero a la petición de Amán demuestra incompetencia, incapacidad, desinterés y falta de voluntad para establecer la verdad de las acusaciones. ¿Cómo reaccionas por lo general a las acusaciones contra otros? ¿Te tomas la molestia de verificarlas?

  Proverbios 25:2 hace una reflexión sobre el manejo adecuado de esta clase de situaciones.

- **Los resultados.** Los frutos de un corazón malo que acusa falsamente al inocente, sumado a la falta de carácter de un líder se expandieron por todo el vasto imperio como una onda explosiva. Quedó decretada la ejecución de un pogromo. Lee Proverbios 6:17-19 y enumera las seis (o más bien siete) cosas que Dios aborrece.

  1. *Los ojos altivos*
  2. *lengua mentirosa*
  3. *manos derramadas de sangre inocente.*
  4. *pensamientos malos.*
  5. *pies presurosos. para correr al mal.*
  6. *testigo falso que habla mentiras*
  7. *el que siembra discordia entre hermanos.*

- **La comida.** ¿Cómo eran capaces estos dos hombres de sentarse tan tranquilamente a beber después de firmar la sentencia de muerte de un pueblo entero? Preguntémonos más bien ¿cómo reaccionamos frente a la noticia de alguna catástrofe que le sobreviene a otros?

  Veamos las siguientes instrucciones divinas:

  Proverbios 24:17   *Cuando cayere tu enemigo no te regocijes, y cuando tropiece no se alegre tu corazón.*

  Mateo 9:36   *y al ver las multitudes tuvo compasión de ellas porque estaban desamparadas y dispersas como ovejas que no tienen pastor.*

Mateo 14:14 *y saliendo Jesús vió una gran multitud y tuvo compasión de ellas. y sanó a los que de ellos estaban enfermos.*

Romanos 12:15 *gozaos con los que se gozan llorad con los que lloran.*

1 Corintios 12:16 *y se dijere la oreja porque no soy ojo, no soy del cuerpo ¿por eso no será del cuerpo?*

Cultivar un corazón bello y fuerte

Admito que el anterior fue un pasaje complicado y perturbador. Pero por favor lee estas maravillosas palabras que vuelven a enfocarnos en el cuidado providencial de Dios para con su pueblo.

> El rey y Amán se sentaron a beber. En cuanto a Amán, lo hizo en franca satisfacción, porque ya había completado su plan de exterminar a los judíos. Sin embargo, no contaba con que estas personas fueran el pueblo de Dios. Es discutible que tuviera alguna noción de este hecho, o si tenía idea de que este pueblo ostentaba una relación especial con Dios, nada sabía de ese Dios y no lo estimó siquiera como algo digno de considerarse. De esa manera pasó por alto un asunto verdaderamente crucial. Por eso se sentó a beber con el rey y entretanto, Mardoqueo, los judíos y Amán estaban en las manos de Dios.[17]

Como mujer conforme al corazón de Dios, aprópiate de estas lecciones para cultivar un corazón bello y fuerte:

1. No prestes tu oído a chismes ni comentarios difamatorios.

2. Si por casualidad te enteras de una conducta inusual de alguien que conoces, no seas pronta para creerlo.

3. Muéstrate más compasiva y sensible ante las desgracias ajenas.

*L*ección 11

Lloro, lamento, ¡y guerra!

*E*l sabio libro de Eclesiastés dice que hay: "tiempo de llorar... y tiempo de endechar" (Ec. 3:4). Bueno, amada lectora, ese "tiempo" llegó sin duda a la ciudad de Susa donde Ester y Mardoqueo vivían, como a muchas provincias gobernadas por el rey Asuero. Sin embargo, parece que Mardoqueo era un hombre de acción que emprendió la batalla contra el mal, aun mientras lloraba y endechaba. Veamos lo que sucedió.

69

Ester 4:1-8

¹Luego que supo Mardoqueo todo lo que se había hecho, rasgó sus vestidos, se vistió de cilicio y de ceniza, y se fue por la ciudad clamando con grande y amargo clamor.

²Y vino hasta delante de la puerta del rey; pues no era lícito pasar adentro de la puerta del rey con vestido de cilicio.

³Y en cada provincia y lugar donde el mandamiento del rey y su decreto llegaba, tenían los judíos gran luto, ayuno, lloro y lamentación; cilicio y ceniza era la cama de muchos.

⁴Y vinieron las doncellas de Ester, y sus eunucos, y se lo dijeron. Entonces la reina tuvo gran dolor, y envió vestidos para hacer vestir a Mardoqueo, y hacerle quitar el cilicio; mas él no los aceptó.

⁵Entonces Ester llamó a Hatac, uno de los eunucos del rey, que él había puesto al servicio de ella, y lo mandó a Mardoqueo, con orden de saber qué sucedía, y por qué estaba así.

⁶Salió, pues, Hatac a ver a Mardoqueo, a la plaza de la ciudad, que estaba delante de la puerta del rey.

⁷Y Mardoqueo le declaró todo lo que le había acontecido, y le dio noticia de la plata que Amán había dicho que pesaría para los tesoros del rey a cambio de la destrucción de los judíos.

⁸Le dio también la copia del decreto que había sido dado en Susa para que fuesen destruidos, a fin de que la mostrase a Ester y se lo declarase, y le encargara que fuese ante

el rey a suplicarle y a interceder delante de él
por su pueblo.

Del corazón de la Palabra de Dios

1. En nuestra lección anterior vimos que Amán y el
rey Asuero se sentaron a beber después de firmar el
decreto que promulgaba la muerte de todos los judíos
del territorio (Est. 3:15). También observamos que la
respuesta general de los habitantes de la ciudad de
Susa que recibió primero el anuncio fue de conmoción.
Describe la respuesta de Mardoqueo con base en Ester
4:1-2. *Se fue por la ciudad clamando con grande y amargo clamor se vistió de cilicio y ceniza.*
¿Cómo reaccionaron los judíos de las demás provincias
(v. 3)? *tenían gran luto, lloro y lamentaciones.*

2. ¿Qué hicieron las doncellas de Ester y los eunucos
cuando se enteraron que Mardoqueo estaba de luto
(v. 4)? *le mando ropa a mardoqueo para quitarle el luto el cilicio.*
¿Qué medidas adoptó Ester (v. 4)?
tuvo gran dolor.
¿Qué hizo Mardoqueo (v. 4)?
no los aceptó.

3. Puesto que Ester y Mardoqueo no podían hablar
directamente, uno de los eunucos, Hatac, se convirtió
en el mensajero. ¿Qué mensajes e instrucciones le envió
Mardoqueo a Ester por medio de Hatac (v. 7)?
le dio noticias de la plata que haman había dicho que pesaría para los tesoros del rey a cambio de la destruccion de los judios

Para tu corazón

En este desalentador panorama de pavor y lamento vemos
una multitud que responde física y emocionalmente con

profundo lloro y gemido. Con todo, alguien tenía que
actuar. Aun en medio del dolor y el lamento, ¡alguien
tenía que librar la guerra! ¡Alguien tenía que hacer algo!

* ¿Cómo actuó Mardoqueo? *declaró todo lo acontecido*

* ¿Cómo actuó Ester? *Intercedió por supuesto*

   ¿Cómo crees que demostró Ester belleza y entereza de
   carácter como mujer?

* Cuando la vida te golpea a ti o a tus seres queridos,
  ¿acostumbras reaccionar solo con tus emociones o
  procedes a la acción? ¿Sueles ser pasiva o activa? ¿Dejas
  que las cosas pasen o te dispones para la guerra y
  batallas y tratas de cambiar la situación? Después de
  responder estas preguntas, piensa a qué categoría de
  persona perteneces según la siguiente frase:

> *L*as personas pueden dividirse en tres grupos:
> Las que hacen que las cosas pasen, las que las ven
> pasar y las que se preguntan qué pasó.[18]

Cultivar un corazón bello y fuerte

Amada, todo nuestro estudio es acerca del carácter, de
cultivar la fortaleza y cualidades internas que te acreditan
como una reconocida mujer conforme al corazón de
Dios.

   Es indiscutible que la emoción es necesaria. Por
cierto, acabamos de ver a dos personas que no tenían

emociones: El rey Asuero y Amán. La falta de emoción es ausencia de corazón, ¡es inhumano! Pero tú y yo también debemos actuar cuando la situación lo exige, ¡no solo ver y preguntarse qué pasa! La acción caracteriza la "fortaleza" sobre la cual aprendemos en esta búsqueda de llegar a ser mujeres bellas y fuertes.

- Actuar es señal de valentía, de capacidad para pensar y actuar bajo presión.

- Actuar demuestra que hay valores. Demuestra que valoramos tanto algo que preferimos intentar arreglarlo antes que rendirnos, levantarnos en vez de darnos por vencidos.

- Actuar también revela que hay fe. Solo una firme confianza en Dios nos capacita para ir a la guerra y pelear por lo que es justo.

Ester y su primo Mardoqueo manifestaron emoción porque lloraron y gimieron. Sin embargo, también pasaron a la acción porque se negaron a sentarse y lamentarse mientras la vida de miles estaba en juego. Ellos se alistaron y emprendieron la guerra.

Veremos más acerca del "plan de batalla" que idearon juntos en la siguiente lección pero consideremos entre tanto la angustia de Nehemías (el copero del hijo del rey Asuero varias décadas posteriores a los sucesos descritos en el libro de Ester) cuando se enteró de los ataques enemigos contra el pueblo de Dios en Jerusalén. Ante las desalentadoras noticias de que la ciudad de su pueblo estaba sin murallas, ¿cuál fue la respuesta de Nehemías? ¡Fue emocional! Él escribe:

*C*uando oí estas palabras me senté y lloré, e hice duelo por algunos días y ayuné y oré delante del Dios de los cielos" (Neh. 1:4).

A pesar de sentirse profundamente apesadumbrado por la situación de Jerusalén no se quedó con los brazos cruzados. Después del dolor que sintió al principio, oró, derramó su corazón ante Dios (Neh. 1:5-11), y buscó la manera de ayudar a cambiar la situación. Nehemías puso a trabajar todo su conocimiento, experiencia y habilidades administrativas para decidir el plan de acción necesario.

Cuando enfrentas una tragedia, ora primero. Luego busca la manera de convertir tu pena en una acción específica que se traduzca en beneficios para quienes lo necesitan.[19]

*L*ección 12

En la encrucijada

Ester 4:9-17

*M*e encanta el título de un libro escrito por Jeanette Lockerbie: *Ester, la reina en la encrucijada.*[20] Una encrucijada es la intersección de dos o más caminos. Y como bien sabes, siempre que estamos frente a una encrucijada debemos hacer una elección, ir en alguna dirección.

Ester 4:9-17

⁹Vino Hatac y contó a Ester las palabras de Mardoqueo.

75

¹⁰Entonces Ester dijo a Hatac que le dijese a Mardoqueo:

¹¹Todos los siervos del rey, y el pueblo de las provincias del rey, saben que cualquier hombre o mujer que entra en el patio interior para ver al rey, sin ser llamado, una sola ley hay respecto a él: ha de morir; salvo aquel a quien el rey extendiere el cetro de oro, el cual vivirá; y yo no he sido llamada para ver al rey estos treinta días.

¹²Y dijeron a Mardoqueo las palabras de Ester.

¹³Entonces dijo Mardoqueo que respondiesen a Ester: No pienses que escaparás en la casa del rey más que cualquier otro judío.

¹⁴Porque si callas absolutamente en este tiempo, respiro y liberación vendrá de alguna otra parte para los judíos; mas tú y la casa de tu padre pereceréis. ¿Y quién sabe si para esta hora has llegado al reino?

¹⁵Y Ester dijo que respondiesen a Mardoqueo:

¹⁶Ve y reúne a todos los judíos que se hallan en Susa, y ayunad por mí, y no comáis ni bebáis en tres días, noche y día; yo también con mis doncellas ayunaré igualmente, y entonces entraré a ver al rey, aunque no sea conforme a la ley; y si perezco, que perezca.

¹⁷Entonces Mardoqueo fue, e hizo conforme a todo lo que le mandó Ester.

Del corazón de la Palabra de Dios

1. Describe en pocas palabras la ley que regía sobre la presentación ante el rey y su excepción (v. 11).
   Que aquel que entrara en el patio del rey sin ser llamado ha de morir.

   ¿Cuánto tiempo transcurrió desde la última vez que Ester había visto al rey Asuero (v. 11)?
   30 días -

¿Qué riesgo corría Ester al presentarse ante el rey
(vv. 11 y 16)? *monr.*

2. En el versículo 13, ¿qué le recuerda Mardoqueo a
Ester? *no creyera que se iba a salvar.*

¿Qué creía Mardoqueo acerca de la liberación de los
judíos (v. 14)? *que no callara porque conquemase rvan a dar cuenta.*

¿Cuál fue su última petición para Ester (v. 14)?
que no callara

3. Cuando Ester accedió al consejo de Mardoqueo, ¿qué
le pidió ella (v. 16)? *que reuniera a todos los judíos y a ayunaran. Por el*

Anota las famosas palabras de fortaleza y valentía que
pronunció Ester y que han perdurado durante siglos
(v. 16). *a yunar con todos las doncellas, aunque no sea conforme a la ley y si perezco que perezco.*

Para tu corazón

Ester ¡la reina en la encrucijada! ¿Iba a callar "absolutamente
en este tiempo" (v. 14) o iría "ante el rey a suplicarle y a
interceder delante de él por su pueblo" (v. 8)? La siempre
bella y fuerte Ester eligió el camino de la acción.

• Ester respondió al reto de Mardoqueo admitiendo que
la situación excedía su capacidad, pues la vida de los
judíos, su pueblo, estaba en juego. ¿Qué circunstancias
te sobrepasan, quiénes son las personas involucradas
y qué sacrificios haces o estás dispuesta a hacer por
lograr su bienestar?

• Ester libró la guerra con un buen consejo. Veamos de
nuevo, ¿qué dice Proverbios 20:18?

los pensamientos con el consejo se
y con dirección sabiamente se
hace la
guerra.

78   Descubre cómo ser una mujer bella y fuerte

¿Qué tan importante es para ti actuar según el buen consejo de otros? ¿Por qué?

• ¿Hay alguna situación, creencia, propósito o persona por los que estarías dispuesta a exclamar en batalla: "Si perezco, que perezca"? Explica tu respuesta.

• Hemos aprendido acerca de toda clase de preparativos de belleza a lo largo del libro de Ester. Ella misma pasó por un tratamiento intensivo de belleza física. Pero ahora, al prepararse para enfrentar el riesgo de acercarse a su esposo, el rey, pasa por un "tratamiento de belleza" completamente diferente, uno interno. ¿Cuáles eran los elementos de su preparación y por qué piensas que ella los incluyó?

Al respecto, mira también lo que dice Proverbios 15:28.

(Un breve comentario acerca de la oración y el ayuno: Aunque el libro de Ester no menciona a Dios ni la oración, la mayoría de eruditos piensan que orar a Dios está implícito en la decisión de Ester de ayunar, porque el ayuno sin oración habría sido inútil.)

Cultivar un corazón bello y fuerte

Ester llegó a la encrucijada. Y puesto que eligió el camino difícil de la acción, ¡su belleza y fortaleza brillan más aún! ¿Cuáles son algunas hermosas lecciones que nos deja su experiencia en la "encrucijada" como mujeres que buscamos reflejar la belleza y fortaleza de Dios?

1. Discernir el objetivo correcto, lo verdaderamente importante. La situación que enfrentó Ester excedía

su capacidad. Ella nos enseña algo importante acerca de la belleza y la fortaleza: Discernir los pocos pero cruciales asuntos que bien merecen una guerra. Es cierto que no podemos ni debemos pelear por todo. Una mujer bella y fuerte tiene la sabiduría y el discernimiento para saber lo que es importante y lo que no lo es, lo que es definitivo o insignificante, lo que tiene grandes repercusiones y lo que es irrelevante. Y para los propósitos importantes, definitivos y decisivos ¡ella lo arriesga todo!

2. Discernir el tiempo propicio. Llegó el momento en que Ester le declararía a su esposo, el rey Asuero, que era judía. Tal vez te has preguntado por qué Ester mantuvo en secreto su origen judío. Sin embargo, juzgar si fue correcto o no ya no es relevante. Sabemos de sobra que ya llegó el momento de revelarlo. Haya sido o no acertado, veremos cómo Dios usa de manera poderosa la revelación de ese hecho en los días subsiguientes.

3. Discernir los preparativos apropiados. Un viejo dicho dice: "Los tontos llegan donde los ángeles no se aventuran a pisar". Es indudable que nuestra Ester no se lanzó histérica a buscar la ayuda de su complicado esposo, ¡el tirano rey Asuero! ¡No! Ella esperó y ayunó y también buscó el apoyo de otros.

Siempre que te encuentres frente a una encrucijada recuerda tus opciones: ¿Eliges ser pasiva o actuar con determinación? ¿El camino fácil o el difícil? ¿El vil camino del egoísmo o el loable camino de la fortaleza y la belleza? ¡Tus decisiones determinan tu carácter!

Lección 13

Un momento decisivo

Ester 5:1-8

omo verás, hay un momento decisivo en el libro de Ester. Aunque Ester es la reina, su primo y tutor Mardoqueo no cesó de aconsejarla aun estando lejos. Sin embargo, al final del capítulo 4, Ester pronunció sus más famosas palabras: "Si perezco, que perezca". Y después de convocar a los judíos de la región a un ayuno de tres días para apoyarla, ella se retiró a hacerlo también.

¡Este es un gran día! Hoy la noble Ester sale de la sombra para entrar a la escena de grandeza. Ya no es Mardoqueo quien está al frente, sino nuestra valiente y hermosa Ester cuya misión es interceder por su pueblo ante su esposo, el rey. Le llegó el momento de actuar. Ella es la que está en el palacio y la elegida "para esta hora". Es el momento de demostrar que es la "estrella" que dicta su nombre. El cetro de mando ha pasado de las manos de Mardoqueo a Ester y ella con valentía asume la tarea y procede con señorío absoluto. ¿Quieres ver cómo luce una mujer fuerte y hermosa? ¡Pues toma nota amada! Aquí vemos en Ester un dechado de virtudes. Este es su mejor momento. Luce sus ropas reales, pero nota bien las muchas facetas radiantes de su carácter.

Ester 5:1-8

¹Aconteció que al tercer día se vistió Ester su vestido real, y entró en el patio interior de la casa del rey, enfrente del aposento del rey; y estaba el rey sentado en su trono en el aposento real, enfrente de la puerta del aposento.

²Y cuando vio a la reina Ester que estaba en el patio, ella obtuvo gracia delante sus ojos; y el rey extendió a Ester el cetro de oro que tenía en la mano. Entonces vino Ester y tocó la punta del cetro.

³Dijo el rey: ¿Qué tienes, reina Ester, y cuál es tu petición? Hasta la mitad del reino se te dará.

⁴Y Ester dijo: Si place al rey, vengan hoy el rey y Amán al banquete que he preparado para el rey.

⁵Respondió el rey: Daos prisa, llamad a Amán, para hacer lo que Ester ha dicho. Vino, pues, el rey con Amán al banquete que Ester dispuso.

⁶Y dijo el rey a Ester en el banquete, mientras bebían vino: ¿Cuál es tu petición, y te será otorgada? ¿Cuál es tu demanda? Aunque sea la mitad del reino, te será concedida.

⁷Entonces respondió Ester y dijo: Mi petición y mi demanda es esta:

⁸Si he hallado gracia delante los ojos del rey, y si place al rey otorgar mi petición y conceder mi demanda, que venga el rey con Amán a otro banquete que les prepararé; y mañana haré conforme a lo que el rey ha mandado.

Del corazón de la Palabra de Dios

1. Fase 1. Ya pasó el tiempo de los preparativos. Era "el tercer día". Se completaron casi cuarenta horas de oración y ayuno y llegaba el momento en que Ester debía entrar en acción. Medita en estas palabras y luego proseguiremos nuestro estudio.

> *D*ios tenía todo bajo control pero a Ester le correspondía tomar la decisión de actuar. No comprendemos cómo ambas realidades son ciertas de manera simultánea. Quizá sea porque Dios elige obrar a través de quienes están dispuestos a actuar en su nombre. Deberíamos orar como si todo dependiera de Dios y actuar como si todo dependiera de nosotros. Debemos evitar los dos extremos: No hacer nada y sentir que debemos hacerlo todo.[21]

2. ¿Cómo cuidó Ester su apariencia (v. 1)?

¿Cuál fue su siguiente paso (v. 1)?

Imagina el drama, la tensión, el riesgo que implicaba para Ester el hecho de no haber sido llamada por el rey hacía más de un mes y que cualquiera que se acercara a él sin ser invitado moriría a menos que él extendiera su cetro. Josefo, el historiador judío del primer siglo, escribió acerca del rey persa: "Junto al rey había hombres armados con hachas y listos para castigar a todo el que se acercara al trono sin ser llamado".[22] ¡Ester se enfrentaba a una situación muy delicada! ¿Había perdido el favor del rey? ¿Ya no era su predilecta? ¿Estaba él feliz con otra mujer? ¿Se habrá enterado de su origen judío? Como puedes ver, muchos factores determinaban la vida o la muerte para Ester.

Por fin, después de tantos preparativos (recuerda hacer una pausa en el versículo 4), de orar y ayunar, Ester entró en la corte. ¿Qué vestía (v. 1)?

¿Cómo la recibió el rey (v. 2)?

3. Fase 2. Consciente de que Ester había arriesgado su vida para hablarle, ¿qué fue lo primero que le preguntó el rey (v. 3)?

¿Y cuál fue la petición de Ester (v. 4)?

¿Qué respondió el rey Asuero a su petición (v. 5)?

4. Fase 3. En el banquete servido de forma cuidadosa por Ester, ¿qué volvió a preguntarle su esposo, el rey (v. 6)?

¿Cuál fue la respuesta de Ester (v. 8)?

Para tu corazón

- Fase 1. Después de meditar en este pasaje y los sucesos ocurridos, ¿qué papel crees que pudo jugar la elección de su atuendo?

  Un dicho conocido declara: "Nunca hay una segunda oportunidad para dar una primera impresión". Ester, nuestra heroína bella y fuerte, fue muy precavida a la hora de elegir su vestuario. ¿Con cuánto cuidado planeas y eliges lo que vistes? ¿Tal vez necesitas prestarle mayor atención a esto?

- Fase 2. Anota lo que aprendes sobre cómo afrontó Ester su situación en los siguientes aspectos:

  Su forma de hablarle a su esposo. ¿Fueron apropiadas las palabras que usó Ester según la época y el protocolo real (esto es ya una lección completa). ¿Qué más puedes aprender?

  ¿Sus preparativos?

  ¿Su plan?

- Fase 3. Qué aprendes del ejemplo de Ester en lo que respecta a:

  ¿Su segundo plan?

  ¿Su decisión de esperar?

  ¿Su capacidad de esperar?

Cultivar un corazón bello y fuerte

¡Este es un pasaje muy práctico! Aquí Dios nos permite ser testigos directos del fruto de muchas disciplinas en las que procuramos ejercitarnos a diario.

Los frutos de la oración y del ayuno. Ester enfrentó el reto con una mente y un plan claros y fue muy valiente. El tiempo (tres días, para ser exactos) que pasó en oración y ayuno arrojaron soluciones, ecuanimidad y ardiente fe.

Los frutos de la espera. Ester no fue impulsiva al expresar su petición, sino que más bien invitó al rey y a su amigo Amán a un banquete. Al sentir que no era el momento propicio para presentar su solicitud, Ester fue sabia en esperar más. Por otro lado, como el rey había bebido, Ester tuvo la precaución de seguir una de las normas fundamentales a la hora de tratar con un ebrio y que consiste en esperar el momento de sobriedad para tratar los asuntos importantes. (Otro ejemplo es Abigail, en 1 S. 25, especialmente vv. 36-37.)

Los frutos de la belleza y la fortaleza. Sí, Ester se veía hermosa con su atuendo escogido con esmero para la ocasión pero sus hermosas virtudes también relucieron. En mi lista de cualidades de Ester incluyo la fe, la determinación, el ánimo y la resolución. No solo estuvo tranquila y serena, sino que actuó con sabiduría y discernimiento, habló con dulzura y confianza y llevó a cabo sus planes con valentía, seguridad y valor.

Ahora piensa ¿cuáles son tus cualidades? Y recuerda que practicando tus virtudes también estarás preparada para cualquier momento decisivo que precise la grandeza de una mujer bella y fuerte.

Lección 14

El camino más excelente

Ester 5:9-14

En la lección 9 hablamos de "las zorras pequeñas, que echan a perder las viñas" (Cnt. 2:15). Bueno, hoy hablaremos de "las moscas en el perfume". Salomón también escribió: "Las moscas muertas hacen heder y dar mal olor al perfume del perfumista" (Ec. 10:1).

Amán, el malvado de la historia que protagonizó la persecución contra el pueblo de Dios, tenía todo asegurado. Había sido promovido al cargo más elevado del reinado (Est. 3:1). De hecho, todos los súbditos que servían en la puerta del rey debían inclinarse ante él (Est. 3:2). Con todo, había una mosca en el perfume del grato éxito de Amán, una persona que no se inclinaba ante él, un solo hombre que echaba a perder todo su triunfo. ¡Lee con atención!

Ester 5:9-14

⁹Y salió Amán aquel día contento y alegre de corazón; pero cuando vio a Mardoqueo a la puerta del palacio del rey, que no se levantaba ni se movía de su lugar, se llenó de ira contra Mardoqueo.

¹⁰Pero se refrenó Amán y vino a su casa, y mandó llamar a sus amigos y a Zeres su mujer,

¹¹y les refirió Amán la gloria de sus riquezas, y la multitud de sus hijos, y todas las cosas con que el rey le había engrandecido, y con que le había honrado sobre los príncipes y siervos del rey.

¹²Y añadió Amán: También la reina Ester a ninguno hizo venir con el rey al banquete que ella dispuso, sino a mí; y también para mañana estoy convidado por ella con el rey.

¹³Pero todo esto de nada me sirve cada vez que veo al judío Mardoqueo sentado a la puerta del rey.

¹⁴Y le dijo Zeres su mujer y todos sus amigos: Hagan una horca de cincuenta codos de altura, y mañana di al rey que cuelguen a Mardoqueo en ella; y entra alegre con el rey al banquete. Y agradó esto a los ojos de Amán, e hizo preparar la horca.

Del corazón de la Palabra de Dios

1. ¿Cómo se sentía Amán despúes del banquete de Ester (v. 9)?

   ¿Qué cambió su sentir (v. 9)?

2. ¿Qué hizo Amán a continuación (v. 10)?

   Escribe la "gloria de sus riquezas" según él (vv. 11-12).

   (Escribe también lo que dice Pr. 12:23)

3. A pesar de todo, ¡Amán mismo afirma que toda esa gloria de nada le servía! ¿Por qué (v. 13)?

   ¿Qué proponen la esposa y los amigos de Amán (v. 14)?

   ¿Cómo recibe Amán su consejo (v. 14)?

   ¿Con qué prontitud se ejecuta la propuesta (v. 14)?

   (Nota: Mardoqueo debía morir de todas maneras en el pogromo. ¡Parece que Amán no podía esperar hasta el día señalado para la masacre!)

Para tu corazón

• Un hombre. ¡Bastó un hombre para arruinarle el día a Amán! ¿Permites que alguien eche a perder el gozo de tus días así como una sola mosca daña la fragancia del perfume?

¿Has permitido que se arraiguen en tu corazón actitudes o acciones pecaminosas y destructivas hacia esa persona (vea He. 12:14-15)? Si es así, ¿qué dice Jesús en Lucas 6:27-28 respecto a la respuesta sabia hacia nuestros "enemigos"?

Primero, el mandato general de Jesús es...

Luego, a quienes nos aborrecen debemos...

Y a quienes nos maldicen debemos...

Y a los que nos calumnian debemos...

Asegúrate de pasar tiempo en oración para pedirle a Dios que te ayude a enfrentar esta clase de dificultades como Él manda.

• Un pueblo. ¡Bastó un pueblo para definir el fatal destino de Amán! A lo largo de nuestro estudio hemos considerado el valor de la multitud de consejeros. Bueno, hoy conocemos al grupo de consejeros de Amán. A partir del consejo que dieron ¿cómo podrías describirlos?

• Una mujer. ¡Bastó una mujer para lanzar a Amán al vacío! Ya veremos las consecuencias del consejo de la esposa de Amán, pero por ahora examinemos lo que pasó con algunas esposas que influyeron de manera negativa en sus esposos. Busca los siguientes pasajes y anota el consejo que dieron o lo que se hizo en cada situación.

Eva (Gn. 2:16-17; 3:6)

Jezabel (1 R. 21:1-4, 7, 15)

Safira (Hch. 5:1-2, 9-10)

¿Qué dicen estos pasajes sobre las esposas?

Proverbios 12:4

Proverbios 14:1

Proverbios 18:22

Proverbios 19:14

Proverbios 31:11-12

Si estás casada y haz leído la enseñanza de estos versículos ¿consideras que necesitas mejorar?

• Y para terminar: Compara las cualidades y motivaciones de Ester con las de Zeres, la esposa de Amán.

Ester   Zeres

Cultivar un corazón bello y fuerte

En el arte, los colores oscuros permiten resaltar mejor el brillo de las otras tonalidades. Creo que eso ocurre en la lección que sigue. En por lo menos tres capítulos completos hemos visto la belleza y la fortaleza no solo de Ester, sino también de su pariente Mardoqueo. ¡Cómo brillan en medio de una época tan oscura!

Hoy es inevitable reparar en los tonos sombríos de otra familia. Amán, su esposa y su perverso bando son sin duda las moscas en el perfume. Están corrompidos y "hieden" (como las moscas muertas) comparados con el dulce aroma que emanan Ester y Mardoqueo.

Hice una breve comparación entre estas dos familias:

• Mardoqueo se mostró como un amigo, tutor y consejero leal cuando alentó a Ester a hacer lo correcto sin importar lo que esto costara. Proverbios 27:5 y 6 nos enseña que es mejor la reprensión manifiesta y las fieles heridas del que ama que el amor falso. Por el contrario, los allegados de Amán no lograron sacar provecho alguno de Mardoqueo.

• Ester y Mardoqueo hicieron un inmenso sacrificio para salvar la vida de un pueblo entero, mientras que Amán y sus secuaces (encabezados por su esposa) urdían planes no solo para asesinar a todos los judíos, sino para ejecutar primero a Mardoqueo (y aunque suene increíble, en una horca de cincuenta codos de altura que equivale a unos veinte metros, ¡casi tan alta como un edificio de ocho o diez pisos!)

• La belleza y fortaleza reflejadas en la virtud de Ester y de Mardoqueo se despliegan como un arco iris resplandeciente en un cielo oscuro. Por el contrario, Amán y su cuadrilla se hundían cada vez más en las sombras y la perversidad.

Ya hemos subrayado la importancia de cada decisión que tomamos, y en estas dos familias vemos lo bueno, lo malo y lo feo a través de las decisiones tomadas. Lo que nos enseña este poema es muy cierto. ¡Te imploro, bella y fuerte amiga, que tomes el camino más excelente!

*F*rente a cada hombre hay
un camino, varios caminos y otro camino.
El alma noble emprende el camino más
excelente,
y el alma ordinaria recorre el camino inferior.
Y entre los dos, en los valles brumosos,
los demás deambulan sin destino fijo.
Pero hay frente a cada hombre
un camino superior y uno inferior,
y cada hombre decide
el camino que recorre su alma.[23]

—John Oxenham

$\mathcal{L}$ección 15

Una noche en vela

$\mathcal{A}$lguna vez has hecho una obra encomiable y nadie lo notó? Bueno, eso le pasó al primo de Ester. Como bien sabes, Mardoqueo se enteró de un complot para matar al rey y lo informó. Y en efecto, una investigación reveló que era cierto, los dos delincuentes fueron ejecutados y el noble acto de Mardoqueo "fue escrito... en el libro de las crónicas del rey" (Est. 2:23) y rápidamente olvidado.

Hoy aprenderemos al menos tres lecciones de vida: Primero, lo bello que es alegrarnos cuando somos ignoradas. Segundo, la belleza de la humildad y tercero, la belleza del cuidado soberano de Dios sobre su pueblo y todo lo creado. Veamos pues el capítulo 6 de Ester y

93

lo que Dios nos tiene preparado... y a Mardoqueo... y a Amán.

Ester 6:1-9

¹Aquella misma noche se le fue el sueño al rey, y dijo que le trajesen el libro de las memorias y crónicas, y que las leyeran en su presencia.

²Entonces hallaron escrito que Mardoqueo había denunciado el complot de Bigtán y de Teres, dos eunucos del rey, de la guardia de la puerta, que habían procurado poner mano en el rey Asuero.

³Y dijo el rey: ¿Qué honra o qué distinción se hizo a Mardoqueo por esto? Y respondieron los servidores del rey, sus oficiales: Nada se ha hecho con él.

⁴Entonces dijo el rey: ¿Quién está en el patio? Y Amán había venido al patio exterior de la casa real, para hablarle al rey para que hiciese colgar a Mardoqueo en la horca que él le tenía preparada.

⁵Y los servidores del rey le respondieron: He aquí Amán está en el patio. Y el rey dijo: Que entre.

⁶Entró, pues, Amán, y el rey le dijo: ¿Qué se hará al hombre cuya honra desea el rey? Y dijo Amán en su corazón: ¿A quién deseará el rey honrar más que a mí?

⁷Y respondió Amán al rey: Para el varón cuya honra desea el rey,

⁸traigan el vestido real de que el rey se viste, y el caballo en que el rey cabalga, y la corona real que está puesta en su cabeza;

⁹y den el vestido y el caballo en mano de alguno de los príncipes más nobles del rey, y vistan a aquel varón cuya honra desea el rey, y llévenlo en el caballo por la plaza de la ciudad, y pregonen delante de él: Así se hará al varón cuya honra desea el rey.

Del corazón de la Palabra de Dios

1. ¿Cómo pasó la noche el rey Asuero después del banquete de Ester (v. 1)?

   Mientras el rey escuchaba las crónicas del reino ¿qué hecho llamó su atención (v. 2)?

2. Cuando el rey preguntó "¿qué honra o qué distinción se hizo a Mardoqueo por esto?" ¿Qué recibió como respuesta (v. 3)?

3. ¿Qué le pidió el rey a Amán cuando llegó al palacio (v. 6)?

   ¿Cuál fue su detallada respuesta (vv. 7-9)? ¿Por qué (v. 6)?

Para tu corazón

- Recompensas. Durante los cinco años que transcurrieron sin haber recibido elogio o premio alguno, Mardoqueo sirvió al rey fielmente. (Cada vez que leemos que Mardoqueo estaba "sentado a la puerta del rey" [Est. 2:21; 3:2; 5:13], entendemos que muy probablemente era un oficial encargado de delegar responsabilidades, tal vez un magistrado o juez). Ahora piensa en ti. ¿Eres la clase de persona que necesita reconocimiento y retribución por lo que hace, o puedes pasar cinco años e incluso toda la vida sin recibir una recompensa?

¿Qué verdad acerca de las recompensas y galardones enseña Jesús en Mateo 6:6?

Una buena pregunta que puedes hacerte es: "¿Por qué hago lo que hago?" ¿Cuál es tu respuesta?

* Orgullo. ¡Qué horrible corazón vemos en Amán! Él tampoco había dormido. Pero, en vez de planear cómo honrar a un súbdito que no había sido premiado por su proeza, Amán maquinó toda la noche su malévolo plan, afanoso por supervisar la construcción de la descomunal horca para colgar en ella a Mardoqueo. Tan pronto le preguntaron cómo debía honrarse a un siervo fiel, Amán abrió su boca y disparó un caudal de presunción, egolatría y orgullo. ¿Qué nos enseñan estos versículos acerca de la fealdad (¡y el peligro!) del orgullo y la belleza de la humildad?

    Proverbios 11:2

    Proverbios 16:18

    Proverbios 18:12

¿Cómo puedes poner por obra las verdades y promesas de 1 Pedro 5:5-6 en tu servicio al prójimo?

* Providencia. En la siguiente lección ahondaremos en el tema de la providencia divina pero por ahora debemos reconocer, al igual que la mayoría de eruditos del Antiguo Testamento, que el rey Asuero no pudo dormir porque así lo dispuso Dios. ¿A qué otro rey se le fue el sueño en Daniel 6:16-23?

Según Génesis 32:24-32 ¿qué hizo Jacob durante la noche en que no durmió?

Lo que parecen coincidencias podrían ser en realidad sucesos provocados por Dios. La próxima vez que no puedas dormir, piensa que tal vez Dios trata de llamar tu atención. ¿Qué podrías hacer en una noche en la que Dios determina que no duermas?

Cultivar un corazón bello y fuerte

¡Qué pasaje bíblico más fascinante! Abunda en personajes y sucesos horribles y aún así encierra hermosas lecciones para nosotras, amada lectora, si tan solo recordamos.

Las recompensas. Cuando tus buenas obras sean ignoradas, recuerda que Dios lo sabe todo y que Él te recompensará abundantemente más adelante. Como nos exhorta el Nuevo Testamento: "No nos cansemos, pues, de hacer bien; porque a su tiempo segaremos, si no desmayamos. Así que, según tengamos oportunidad, hagamos bien a todos, y mayormente a los de la familia de la fe" (Gá. 6:9-10).

El orgullo. Recuerda siempre la belleza de un corazón humilde y cómo Dios la estima. El profeta Miqueas le recordó al pueblo en su época: "Oh hombre, él te ha declarado lo que es bueno, y qué pide Jehová de ti: solamente hacer justicia, y amar misericordia, y humillarte ante tu Dios" (Mi. 6:8).

La providencia. Recuerda siempre que nuestro Dios "no se adormecerá ni dormirá" (Sal. 121:4). No, Él siempre está activo, obrando en cada detalle de tu vida, para que todo obre para tu bien y para sus propósitos. En nuestra próxima lección aprenderemos más acerca de la providencia divina.

Inclinar el corazón de un rey

Ester 6:10-14

uerte", "hado", "fortuna", "azar", "coincidencia", son algunos términos que usan quienes no reconocen el poder y el control soberano de Dios sobre cada detalle de la vida. Palabras como estas vienen a la mente cuando examinamos los sucesos que relata el libro de Ester. Sin embargo, cuando vemos que en el momento preciso el rey Asuero no pudo dormir y que por otra parte Amán apareció en la corte, no podemos decir "¡vaya coincidencia!" Sino más bien "¡vaya! ¡Esta es la providencia de Dios, la mano de Dios, el tiempo perfecto de Dios!"

¿Qué es la providencia de Dios? Una definición propone que es Dios que hace "que todas las cosas, malas y buenas, se encaucen de tal manera que contribuyan al progreso y cumplimiento de sus elevados designios".[24]

Antes de seguir con nuestra historia y descubrir lo que sigue, lee el siguiente comentario sobre lo ocurrido en el capítulo 6, sobre la providencia de Dios y cómo el corazón del rey está en su mano para ejecutar sus elevados propósitos a favor de su pueblo (Pr. 21:1).

*E*ste capítulo es como un entreacto nocturno que separa la fabricación de una horca y la preparación de una fiesta. En los designios divinos las trivialidades preceden a los asuntos importantes. Una noche en vela es un asunto intrascendente y casi trivial. Con todo, en el caso de Asuero, fue otra intervención divina para llevar a cabo la salvación del pueblo de Dios.

El rey ordenó que le leyeran el libro de las memorias para entretenerse durante su desvelo. ¡El Dios invisible dirigía de nuevo la mente del rey! Cuando lo hicieron, terminaron leyendo el relato de un favor que le hizo Mardoqueo al rey. ¡Otra vez el Dios invisible elige el manuscrito que debía leerse!

Luego, rápida y repentinamente todo empezó a suceder. Amán esperaba ansioso la oportunidad de pedir la muerte de Mardoqueo. Él entró, escuchó y propuso los más altos honores del reino ¡para Mardoqueo! Así ejecuta Dios sus altos propósitos, por lento que parezca a veces pero con seguridad, con sabiduría certera, hasta que todo se ha cumplido y el final es completo, inesperado, asombroso.[25]

En verdad nuestro Dios se levanta entre las sombras para proteger a su pueblo. ¡Ahora veamos cómo "inclinó el corazón" del rey Asuero!

Ester 6:10-14

[10]Entonces el rey dijo a Amán: Date prisa, toma el vestido y el caballo, como tú has dicho, y hazlo así con el judío Mardoqueo, que se sienta a la puerta real; no omitas nada de todo lo que has dicho.

[11]Y Amán tomó el vestido y el caballo, y vistió a Mardoqueo, y lo condujo a caballo por la plaza de la ciudad, e hizo pregonar delante de él: Así se hará al varón cuya honra desea el rey.

[12]Después de esto Mardoqueo volvió a la puerta real, y Amán se dio prisa para irse a su casa, apesadumbrado y cubierta su cabeza.

[13]Contó luego Amán a Zeres su mujer y a todos sus amigos, todo lo que le había acontecido. Entonces le dijeron sus sabios, y Zeres su mujer: Si de la descendencia de los judíos es ese Mardoqueo delante de quien has comenzado a caer, no lo vencerás, sino que caerás por cierto delante de él.

[14]Aún estaban ellos hablando con él, cuando los eunucos del rey llegaron apresurados, para llevar a Amán al banquete que Ester había dispuesto.

Del corazón de la Palabra de Dios

1. Vuelve a leer Ester 6:6-9. Después de la detallada descripción de Amán acerca del homenaje debido a un

hombre, ¿qué ordenó el rey Asuero (Est. 6:10)?

¿Cómo habló el rey de Mardoqueo (v. 10)?

Observa la instrucción adicional que recibe Amán (v. 10).

¿Qué hizo Amán (v. 11)?

¿Qué hizo después Amán (v. 12)?

2. Cuando se reunió por segunda vez con familiares y amigos, Amán contó el incidente ocurrido con Mardoqueo. ¿Cuál fue la conclusión de quienes lo oyeron (v. 13)?

3. Además, ¿qué sucedió durante esta conversación (v. 14)?

Para tu corazón

• Sobre Mardoqueo. Después de tanto tiempo Mardoqueo recibió el reconocimiento por su buena obra y servicio fiel. ¿Qué aprendes de Mardoqueo y de su experiencia con respecto a tu servicio y fidelidad?

¿Qué principios puedes extraer de estos pasajes?

Salmo 37:7

Isaías 55:8-9

• Sobre Amán. Después de leer el versículo 12, ¿puedes imaginar lo que pudo sentir Amán? Mira quién está afligido ahora (compara el v. 12 con Est. 4:1-3). En tus propias palabras, ¿qué le ordenó el rey hacer a Amán? ¿De qué forma fue humillado?

¿Qué relación tienen estos principios bíblicos con el caso de Amán?

Salmo 34:15-16

Proverbios 16:18

Cultivar un corazón bello y fuerte

Cuando tratamos de comprender los sucesos del libro de Ester, podemos conjeturar un poco acerca de por qué el rey no podía dormir: ¿Comió demasiado? ¿Bebió demasiado? ¿Estaba emocionado y expectante por el próximo banquete? ¿Se sentía ansioso por la solicitud de Ester? Podemos opinar al respecto, pero sabemos que es la providencia divina.

También nos puede parecer asombroso que Amán apareciera justo en el momento en que el rey Asuero preguntara quién estaba en el patio. Sin embargo, también fue la providencia de Dios.

Y podemos preguntarnos por qué la bondad de Mardoqueo fue pasada por alto tanto tiempo y de repente, por una noche de desvelo del rey recibe honores dignos de un monarca. Otra vez, lo increíble es posible en la providencia divina.

Y a ti, amiga mía, tal vez te cuesta trabajo comprender lo que sucede en tu vida pero es mejor entender que todo lo que te ocurre, bueno y malo, grande o pequeño, notable o insignificante, tiene que ver con la providencia de Dios. Él gobierna y entreteje fielmente todo lo que nos sucede y hace que concurra hasta la ejecución de su voluntad.

Es como preparar un pastel de chocolate. ¿Te has detenido a pensar en los ingredientes para preparar esa delicia? Hay un ingrediente amargo (chocolate), uno insípido (harina), uno dulce (azúcar), uno crudo (huevos) y uno agrio (suero de leche). Con todo, al mezclarlos y pasarlos por el calor (del horno) producen una exquisita preparación.

Amada, mientras tu vida transcurre por circunstancias, sucesos y personajes diversos que pueden resultar amargos, insípidos, dulces, agrios y picantes, mira la providencia de Dios. Ten presente que en las manos de Dios los ingredientes de tu vida siempre te ayudan a bien y al cumplimiento de sus propósitos eternos (Ro. 8:28). Confía en que Él hará algo hermoso.

Intercesión por su pueblo

Ester 7:1-10

Planear, orar, preparar. Nuestra hermosa Ester nos deja valiosas lecciones sobre cómo ejecutar planes, desde lograr el favor de otros, decidir qué palabras usar (¡o callar!), hasta preparar una velada encantadora y una cena deliciosa.

Sin embargo, en nuestra lección de hoy veremos que después de mucho planear, orar y prepararse, ella al fin procede a cumplir su cometido de interceder por su pueblo. Llegó la hora y todos los saben. El rey Asuero ha esperado y siente la debida curiosidad y expectativa. Amán también ya llegó, con cierto presentimiento después de lo ocurrido aquel día. Sí, llegó la hora. Veamos lo que ocurre. Veamos cómo toda la fuerza y belleza del carácter de Ester se concentran cuando abre la puerta y recibe a sus invitados (y de paso a nosotras) para un segundo banquete.

Ester 7:1-10

[1] Fue, pues, el rey con Amán al banquete de la reina Ester.

[2] Y en el segundo día, mientras bebían vino, dijo el rey a Ester: ¿Cuál es tu petición, reina Ester, y te será concedida? ¿Cuál es tu demanda? Aunque sea la mitad del reino, te será otorgada.

[3] Entonces la reina Ester respondió y dijo: Oh rey, si he hallado gracia en tus ojos, y si al rey place, séame dada mi vida por mi petición, y mi pueblo por mi demanda.

[4] Porque hemos sido vendidos, yo y mi pueblo, para ser destruidos, para ser muertos y exterminados. Si para siervos y siervas fuéramos vendidos, me callaría; pero nuestra muerte sería para el rey un daño irreparable.

[5] Respondió el rey Asuero, y dijo a la reina Ester: ¿Quién es, y dónde está, el que ha ensoberbecido su corazón para hacer esto?

[6] Ester dijo: El enemigo y adversario es este malvado Amán. Entonces se turbó Amán delante del rey y de la reina.

[7] Luego el rey se levantó del banquete, encendido en ira, y se fue al huerto del palacio; y se quedó Amán para suplicarle a la reina Ester por su vida; porque vio que estaba resuelto para él el mal de parte del rey.

[8] Después el rey volvió del huerto del palacio al aposento del banquete, y Amán había caído

sobre el lecho en que estaba Ester. Entonces dijo el rey: ¿Querrás también violar a la reina en mi propia casa? Al proferir el rey esta palabra, le cubrieron el rostro a Amán.

[9]Y dijo Harbona, uno de los eunucos que servían al rey: He aquí en casa de Amán la horca de cincuenta codos de altura que hizo Amán para Mardoqueo, el cual había hablado bien por el rey. Entonces el rey dijo: Colgadlo en ella.

[10]Así colgaron a Amán en la horca que él había hecho preparar para Mardoqueo; y se apaciguó la ira del rey.

Del corazón de la Palabra de Dios

1. ¿Quiénes estaban invitados a este banquete (v. 1)?

Por tercera vez (vea también Est. 5:3 y 6) ¿qué le preguntó el rey Asuero a Ester (Est. 7:2)?

Ahora, al fin, ¿qué respondió Ester (v. 3)?

   a.

   b.

¿Y qué explicación dio (v. 4)?

¿Cuál fue el plan contra Ester y su pueblo en términos de una "venta" (v. 4)?

2. ¿Cuál fue la siguiente pregunta del rey (v. 5)?

¿Y cuál fue la respuesta de Ester (v. 6)?

¿Cómo lo describe ella (v. 6)?

3. ¿Cómo reacciona Amán ante la acusación de Ester (v. 6)?

4. Harbona comentó algo y con ello lanzó tal vez una sutil sugerencia. ¿De qué se trata (v. 9)?

   ¿En qué términos alude este hombre a Mardoqueo (v. 9)?

5. ¿Cómo resume generalmente el autor del libro de Ester el clímax de la historia hasta aquí y los sucesos del capítulo 7 (v. 10)?

Para tu corazón

• Muchas cosas han sucedido en estos pocos versículos. Lo importante es que sepamos cómo aplicar lo aprendido a nuestra vida y a nuestro propio corazón. Así que examinemos el "corazón" del capítulo 7. Primero, describe la manera como Ester, siempre tan aplomada y sensible, presentó su solicitud.

   ¿Qué puedes proponerte para alimentar la belleza y la fortaleza de un hablar sabio y la capacidad de discernir el tiempo propicio que Ester nos enseña? Enumera por lo menos tres acciones que te ayudarán a planear, orar y prepararte para adquirir estas admirables cualidades.

   ¿De qué manera se aplican en este capítulo los principios bíblicos que contienen estos pasajes?

   Salmo 9:15-16

   Proverbios 16:23

   Eclesiastés 3:1, 7

Cultivar un corazón bello y fuerte

Ester es hermosa y admirable ¿no te parece? Es un magnífico ejemplo de una mujer conforme al corazón de Dios. Callaba cuando era necesario callar y hablaba cuando alguien debía hacer oír su voz. Además, escogió de manera sabia sus palabras y el orden de sus intervenciones. Fue prudente, paciente y valiente. Lejos de ser una mujer en busca de venganza, Ester solo actuó cuando tuvo que hacerlo y por una gran causa, que era rogar por la vida del pueblo de Dios. Y solo obró después de planear, orar y prepararse de manera debida.

Sin embargo, detrás de esta mujer de belleza y fortaleza, está Dios mismo. El Dr. Charles Swindoll comenta en su libro sobre la hermosa vida de Ester y la "sorprendente" soberanía de Dios:

> Nuestra heroína Ester es un precioso ejemplo a seguir y su historia es sin duda digna de recordarse. Sin embargo ¿qué es lo sustancial? Dios mismo. Su obra perfecta, su control soberano, su extraordinario poder para transformarlo todo con solo intervenir. Una reina en una situación pasiva se convierte de repente en la protagonista de una gran misión. Un rey otrora incauto llega a saberlo todo. Un enemigo que estuvo a punto de exterminar una nación es ahora objeto de desprecio. E incluso esa horca atroz construida para un judío llamado Mardoqueo pondrá fin a la existencia de un gentil de nombre Amán.[26]

Lección 18

Interés por el bienestar de otros

Ester 8:1-8

*C*omo lo señaló el Dr. Swindoll en la lección anterior, la reina que estuvo pasiva ahora entra en acción. Sin embargo, apenas se dejan ver los primeros resultados. Amán, el enemigo de los judíos, está muerto pero ¿y qué de la masacre programada contra el pueblo de Dios? Todavía está en la agenda real. Y aunque está planeada para el día trece del mes doce (unos seis meses después), Ester debe proseguir con su objetivo de ayudar a los judíos. ¡En verdad que ella llegó al reino para esta hora (Est. 4:14)!

Muchas veces la capacidad de actuar diferencia a los soñadores de los hacedores, a los que anhelan de los que alcanzan su objetivo. Un caballero lo expresó de la siguiente manera: "La persona exitosa es aquella que cultiva el hábito de hacer lo que la persona fracasada no quiere hacer".[27] Bueno, aquí vemos otro noble rasgo que brilla en nuestra fuerte y bella Ester. Sí, ella está viva, al igual que Mardoqueo. Y Amán muerto. Pero Ester debe cumplir su misión hasta el final. Debe completar lo que empezó. Otra vez debe hablar, y volver a suplicar la intervención de su esposo el rey.

Observa bien cómo lo hace. Luego guarda en tu corazón esta excelente virtud de no abandonar la tarea antes de completarla.

Ester 8:1-8

[1]El mismo día, el rey Asuero dio a la reina Ester la casa de Amán enemigo de los judíos; y Mardoqueo vino delante del rey, porque Ester le declaró lo que él era respecto de ella.

[2]Y se quitó el rey el anillo que recogió de Amán, y lo dio a Mardoqueo. Y Ester puso a Mardoqueo sobre la casa de Amán.

[3]Volvió luego Ester a hablar delante del rey, y se echó a sus pies, llorando y rogándole que hiciese nula la maldad de Amán agagueo y su designio que había tramado contra los judíos…

[5]y dijo: Si place al rey, y si he hallado gracia delante de él, y si le parece acertado al rey, y yo soy agradable a sus ojos, que se dé orden escrita para revocar las cartas que autorizan la trama de Amán hijo de Hamedata agagueo, que escribió para destruir a los judíos que están en todas las provincias del rey.

[7]Respondió el rey Asuero a la reina Ester y a Mardoqueo el judío: He aquí yo he dado a

Ester la casa de Amán, y a él han colgado en la horca, por cuanto extendió su mano contra los judíos.

⁸Escribid, pues, vosotros a los judíos como bien os pareciere, en nombre del rey, y selladlo con el anillo del rey; porque un edicto que se escribe en nombre del rey, y se sella con el anillo del rey, no puede ser revocado.

Del corazón de la Palabra de Dios

1. ¿Cómo honró a Ester el rey Asuero (v. 1)?

   ¿Y a Mardoqueo (v. 2)?

   ¿Por qué (v. 2)?

   ¿Qué aprendes acerca de una situación similar relatada en Génesis 41:42?

2. El versículo 3 muestra la siguiente acción de Ester, el versículo 5 presenta las palabras exactas de su petición y el versículo 8 registra la respuesta del rey Asuero. Anota cada una:

   Acción (v. 3)

   Petición (v. 5)

   Respuesta (v. 8)

3. Ya lo aprendimos (vea Est. 1:19), pero ¿qué le recordó el rey a la reina Ester y a Mardoqueo acerca de la ley medopersa en el versículo 8?

   ¿Qué debían hacer Ester y Mardoqueo (v. 8)?

Para tu corazón

• Amán había condenado a miles de judíos al exterminio. Por ende, la petición de Ester estaba por fuera de su capacidad. En lugar de permitir que el rey se preocupara solo por ella y su seguridad personal (Est. 7:3-10), Ester prosiguió con valentía a rogar la misericordia a favor de su pueblo. ¿Qué lección de carácter aprendes de esta segunda petición tan osada?

• Compara la actuación de Ester ante el rey aquí, con lo que vimos en Ester 5:2-4. ¿Qué diferencias observas?

¿Cómo podríamos explicarlas?

¿Qué principios podrías aplicar a tu forma de actuar?

• Jesús dijo: "Pedid, y se os dará" (Mt. 7:7). Anota lo que aprendes de esta lección y las anteriores acerca de:

...Pedirle a Dios

...Pedirle algo a tu esposo

...Pedirle a la persona indicada

...Pedir de manera correcta

...Pedir sin cansarse

...Pedir con vehemencia

...Pedir con humildad

Cultivar un corazón bello y fuerte

La belleza y la fortaleza se manifiestan de manera hermosa en Ester, la reina, al preocuparse por el bien de los demás. ¿Qué piensas de estas palabras, amiga mía?

Cuando una persona ha surgido en el mundo y alcanzado una posición de poder y eminencia, precisa de fortaleza y belleza en el carácter para amar y recordar a pesar de todo su origen modesto. Las jovencitas humildes que se han casado con hombres adinerados muchas veces olvidan de dónde salieron. De hecho, se avergüenzan de todo lo que les traiga esto a su memoria.[28]

No. ¡No nuestra Ester! Como una mujer de carácter, Ester cumplió su cometido de interceder ¡aún bajo el riesgo de perder su vida! Ella fue fiel al consejo de su tutor Mardoqueo y perseveró hasta el final. Peleó la batalla con altura, como una hermosa informante que obra a favor de su pueblo. Ella se preparó, oró y ayunó. Actuó y llevó su misión hasta las últimas consecuencias en aras del bienestar de los demás.

Y tú, amada, ¿no crees que oportunidades semejantes se presentan en tu vida? No tienes que ser una reina para hablar cuando es debido, cuando es "tiempo para hablar" (Ec. 3:7). No tienes que casarte con un rey para cultivar un corazón compasivo. No tienes que pertenecer a una casta social para ser usada por Dios a favor de su pueblo.

No. Sin importar quién eres o cómo vives, ni en qué círculo de influencia Dios te ha puesto en su soberanía, tu amor por Dios, por sus propósitos y por su pueblo te permitirá sobresalir en tu servicio a Él hasta el máximo de tu capacidad.

Lección 19

Buenas noticias

Ester 8:9-17

E l sufrimiento es algo que ningún ser humano desea ni puede eludir. Cada persona experimenta el dolor de la pérdida y la aflicción. Las dificultades son parte de la vida y yo tampoco me he escapado de ellas. Como resultado de mi experiencia personal con el enrolamiento de mi esposo en las fuerzas armadas durante la guerra del golfo pérsico, creo que sentí en cierta medida lo que experimentaron los judíos cuando se lamentaban y esperaban el fatídico día programado para su ejecución. Creo que también sé un poco ahora cuánto regocijo sintieron al escuchar las buenas noticias que les comunicó Mardoqueo. Pero espera, ¡no quiero adelantarme! Así que por favor lee primero y luego celebraremos juntas las buenas nuevas.

Ester 8:9-17

⁹Entoncesfueronllamadoslosescribanosdelrey en el mes tercero, que es Siván, a los veintitrés días de ese mes; y se escribió conforme a todo lo que mandó Mardoqueo, a los judíos, y a los sátrapas, los capitanes y los príncipes de las provincias que había desde la India hasta Etiopía, ciento veintisiete provincias; a cada provincia según su escritura, y a cada pueblo conforme a su lengua, a los judíos también conforme a su escritura y lengua.

¹⁰Y escribió en nombre del rey Asuero, y lo selló con el anillo del rey, y envió cartas por medio de correos montados en caballos veloces procedentes de los repastos reales;

¹¹que el rey daba facultad a los judíos que estaban en todas las ciudades, para que se reuniesen y estuviesen a la defensa de su vida, prontos a destruir, y matar, y acabar con toda fuerza armada del pueblo o provincia que viniese contra ellos, y aun sus niños y mujeres, y apoderarse de sus bienes,

¹²en un mismo día en todas las provincias del rey Asuero, en el día trece del mes duodécimo, que es el mes de Adar.

¹³...que los judíos estuviesen preparados para aquel día, para vengarse de sus enemigos.

¹⁴Los correos, pues, montados en caballos veloces, salieron a toda prisa por la orden del rey; y el edicto fue dado en Susa capital del reino.

¹⁵...La ciudad de Susa entonces se alegró y regocijó;

¹⁶y los judíos tuvieron luz y alegría, y gozo y honra.

17Y en cada provincia y en cada ciudad donde llegó el mandamiento del rey, los judíos tuvieron alegría y gozo, banquete y día de placer...

Del corazón de la Palabra de Dios

1. Después que Ester lograra por su pueblo lo que solo era posible en virtud de su presencia en el palacio y su unión con su esposo, el rey, Mardoqueo toma el mando. Recién posicionado como primer ministro, por así decirlo, emitió un nuevo edicto. Compara lo que dice su edicto con el que escribió Amán en Ester 3:12-13. ¿A qué otro grupo se dirigió la carta de Mardoqueo (Est. 8:9)?

   ¿Qué autorización recibieron los judíos (vv. 11-12)?

   ¿Con qué propósito (v. 13)?

   ¿Para qué día específico (v. 12)?

2. ¿Cómo fue enviado el edicto (vv. 10 y 14)?

   ¿Qué sucedió en Susa (v. 14)?

3. Una vez fueron escritas y enviadas las cartas, ¿cómo reaccionaron las personas frente al edicto (v. 15)?

   ¿Qué sintió el pueblo después que el edicto de Amán fue publicado en Ester 3:15?

   ¿Y después del edicto de Mardoqueo (Est. 8:15)?

4. Compara también la respuesta de los judíos después de conocer el edicto de Amán (Est. 4:3) y después del edicto de Mardoqueo aquí en Ester 8:16.

Para tu corazón

• Dios cambió la suerte de los judíos por medio de Ester, Mardoqueo y el rey Asuero. Los judíos de las 127 provincias entre India y Etiopía leyeron buenas noticias, que fueron:

Escritas en pocas palabras. Se escribieron con sumo cuidado para no dar lugar a malentendidos. El mensaje de Mardoqueo en nombre del rey era que a los judíos se les permitía defender su vida y sus familias el día anterior al señalado por el edicto pasado y que ordenaba su exterminio.

Transmitidas con prontitud. Las buenas noticias fueron despachadas en los caballos más veloces del rey. ¡Imagina cómo corrieron! ¡Y la polvareda que dejaban en su travesía por los territorios desérticos! A falta de teléfonos, correo electrónico, fax y camiones de correo certificado, se eligió el más rápido medio de comunicación, quizá con la esperanza de que estos veloces corceles lograran dar alcance a los mensajeros portadores del edicto de Amán. (Aunque se trata de caballos, esto me hace pensar en Romanos 10:15: "¡Cuán hermosos son los pies de los que anuncian la paz, de los que anuncian buenas nuevas!")

¿Qué demostraciones de la buena providencia de Dios y de su gran amor por su pueblo puedes ver en este pasaje de las Escrituras?

• Observa las emociones que despertaron las buenas noticias de Mardoqueo en los judíos durante sus días más oscuros:

Regocijo y alegría

"Luz" (o bienestar), alegría, gozo y honra (como personas)

Banquete y día de placer

Los eruditos coinciden en afirmar que esta fue una de las mayores liberaciones que experimentó Israel desde el Éxodo.

Tú tienes buenas noticias para comunicar a otros: El mensaje de la liberación de Dios para los pecadores por medio de su Hijo Jesucristo. El evangelio de Jesucristo tiene el poder de convertir el lloro en alegría (Sal. 30:5), el lamento en baile, y de desatar el cilicio para ceñir de alegría (Sal. 30:11). ¿Has callado las "buenas noticias" o las transmites fielmente? ¿A quién debes comunicar la "luz" esta semana?

• Un comentario adicional acerca de Ester. A lo largo de 8 capítulos de la Biblia y 19 lecciones de nuestro estudio, tú y yo hemos examinado la conducta y las obras de Ester en busca del tesoro de la fortaleza y belleza de su carácter. Hemos estudiado de manera cuidadosa sus palabras, sus silencios, sus decisiones, el cómo y el por qué de sus motivos, su consejero (Mardoqueo) y cómo lo escuchó, su relación con su esposo y su trato hacia él. Ahora que el pueblo danza en las calles y exclama jubiloso para celebrar su derecho a la vida, ¿cómo piensas que contribuyó nuestra fuerte y "hermosa" Ester para que esta escena fuera posible?

Amada hermana en Cristo, ¿eres consciente de que tú también puedes lograr cosas grandes si cultivas un carácter piadoso y lo pones al servicio del pueblo y los propósitos de Dios?

Cultivar un corazón bello y fuerte

Y ahora, una breve conclusión y un hermoso pensamiento acerca de la "luz". En su libro acerca de Ester, el Dr. Herbert Lockyer escribió: "Ester es como el fino vitral de la catedral del Antiguo Testamento. Si bien es tenue la luz que transmite, sus cristales de color y su estructura revelan una tracería primorosa y un diseño simbólico".[29] Ester misma ha traído mucha "luz" a través de sus hermosos cristales coloridos, ¿no te parece?

Y no cabe duda de que Dios trajo "luz" a los judíos al resplandecer con su gran amor y tierno cuidado por su pueblo a través de las palabras de Mardoqueo. Fue como una "ola" de alegría bulliciosa, profusa, desbordante que brotó y se extendió por todo el territorio a medida que los caballos del rey llegaban a cada aldea con las buenas noticias.

¿Has demostrado hoy la "luz" de tu gozo a Dios? ¿Has celebrado hoy su amor por ti? A pesar de cualquier sufrimiento, siempre puedes regocijarte en la "luz" del Señor (Fil. 4:4).

Lección 20

La lucha por el bien

Ester 9:1-10

unque no hemos visto una "aparición en persona" de Ester en varias lecciones, vemos sin duda los resultados tangibles de sus valientes decisiones a favor de su pueblo, los judíos. ¡Decisiones que precisaron belleza y osada fuerza! Si bien Ester permanece callada ahora (tal vez refugiada en el palacio real), su poderoso aporte para el bienestar de judíos resuena en el texto.

Entre tanto, el tiempo transcurre. El tiempo pasa con cierto ritmo, a veces lento y en ocasiones con una velocidad inquietante. Sin embargo, Dios no solo está atento a su pueblo y sus propósitos, sino también al tiempo. Él es el dueño de la arena del reloj. En su cuidado soberano a cada detalle, dio a los judíos el tiempo suficiente para estar de luto (así pudieron buscarlo en oración y ayuno y disponer sus almas), para celebrar (y que pudieran dedicarse a alabarlo por su bondad) y para alistarse para la batalla (a fin de que alcanzaran a organizar, planear y unirse para enfrentar el gran día y lograr la victoria con la ayuda del Dios todopoderoso).

Veamos lo que sigue...

Ester 9:1-10

¹En el mes duodécimo, que es el mes de Adar, a los trece días del mismo mes, cuando debía ser ejecutado el mandamiento del rey y su decreto, el mismo día en que los enemigos de los judíos esperaban enseñorearse de ellos, sucedió lo contrario; porque los judíos se enseñorearon de los que los aborrecían.

²Los judíos se reunieron en sus ciudades, en todas las provincias del rey Asuero, para descargar su mano sobre los que habían procurado su mal, y nadie los pudo resistir, porque el temor de ellos había caído sobre todos los pueblos.

³Y todos los príncipes de las provincias, los sátrapas, capitanes y oficiales del rey, apoyaban a los judíos; porque el temor de Mardoqueo había caído sobre ellos.

⁴Pues Mardoqueo era grande en la casa del rey, y su fama iba por todas las provincias; Mardoqueo iba engrandeciéndose más y más.

⁵Y asolaron los judíos a todos sus enemigos a filo de espada, y con mortandad y destrucción, e hicieron con sus enemigos como quisieron.

⁶En Susa capital del reino mataron y destruyeron los judíos a quinientos hombres.

¹⁰...pero no tocaron sus bienes.

Del corazón de la Palabra de Dios

1. Al fin llegó el fatídico día. Once meses pasaron desde que el malvado Amán estuvo a cargo de echar las suertes (o los dados). Solo podemos imaginar con cuánta lentitud y terror transcurrieron esos temibles días. Pero finalmente llegó el día, alrededor de febrero o marzo de 473 a.C. ¿Cuáles son las dos fuerzas que operan ese día? ¿Por qué (v. 1)?

   Se apoderaron de ellos

   ¿Cómo se relata el desenlace (v. 1)?

   se abomecion unos a otros *mandamient* *to del Rey* *era la* *enfravi*

   El versículo 2 ofrece más detalles. ¿Cómo describe a los enemigos de los judíos? *porque el temor de ellos*

   cayeron sobre ellos

   ¿Por qué eran incapaces de hacerles daño (v. 2)? *todos ellos*

   a poxaban los judios.

2. ¿Qué novedad encontramos en el versículo 3? ¿Por qué?

   Describe a Mardoqueo (v. 4). *Se engrandeción mas y mas*

3. ¿Cómo se libró la batalla según el versículo 5?
   onslam los judios. *800 hambres*
   ¿Cuántos adversarios de los judíos fueron reportados muertos en Susa (v. 6)?

4. ¿Cuántas veces aparece la palabra "enemigo" o "enemigos" en este pasaje y dónde? *3 .*

   ¿Cuántas veces aparece el verbo "aborrecer" en este pasaje y dónde? *1 capitulo L*

Para tu corazón

• Propósito de la batalla (vv. 1-2, 5). El autor del libro de Ester repite una y otra vez el propósito de esta escena sangrienta. ¡No te lo pierdas! En sus propias palabras, ¿cuál era el propósito? (Tal vez quieras releer estos versículos.)

Piensa en tu país, tu familia, tu vida. ¿Cuáles son motivos "justos" que te impulsarían a librar una batalla de vida o muerte? *protección   Que estuviera en peligro mi familia.*

• Mardoqueo (vv. 3 y 4). Mardoqueo es sin duda el hombre del momento decisivo. La larga lista de las virtudes de su carácter es también evidente. Llegó su hora de tomar las riendas del reino y guiarlo hacia los designios de Dios. ¿Qué virtudes llevaron a Mardoqueo hasta ese lugar de eminencia? *lealtad obediencia valentía ejemplo*
atesoro las enseñanzas.
¿De qué manera te anima a desempeñar tus responsabilidades el hecho de conocer lo útil que fue Mardoqueo aun cuando fue ignorado?

¿Cómo puedes mostrar mayor lealtad a quienes sirves? *obediencia –*

• Saqueo de bienes (v. 10). ¿Te parece que este comentario alusivo a un posible "saqueo" es una ocurrencia de última hora? Pues no lo es. De hecho, este comentario es tan importante que se repite dos veces más en las lecciones posteriores. ¿Cuáles fueron las palabras del edicto enviado en Ester 8:11? *No*

Aunque los judíos tenían el derecho legal de apropiarse de los bienes y propiedades de quienes los atacaron, ellos no se valieron de este. Su único deseo fue defenderse, no enriquecerse. Ellos pelearon en defensa propia por lo que era justo y por motivos puros. Su objetivo era preservar al pueblo judío, no saquear a los

les daba facultad a (los) judíos

persas. ¿Qué podemos aprender de su ejemplo en lo que respecta a la codicia? *No te interese lo material* *solo su vida y los suyos*

- Dios. ¡Mira la bendición de Dios! Llegado el momento de los judíos para defenderse "sucedió lo contrario" (v. 1), es decir, en lugar de ser derrotados por sus adversarios, ¡los enemigos del pueblo de Dios fueron vencidos por ellos! ¿Sucedió lo contrario? ¿Qué? ¿Cómo? ¿Quién lo hizo? La respuesta es obvia, ¿no te parece? Dios cambió la situación a favor de su amado pueblo, la niña de su ojo. En lugar de ser víctimas, los judíos salieron victoriosos aquel día ¡gracias a la bendición de Dios!

  ¡Mira también la mano de Dios! "Temor" cayó sobre todos los pueblos no judíos. Aquí es incuestionable la influencia sobrenatural. Dios obró tras bambalinas. Tal vez su nombre no aparece en el libro de Ester, ¡pero su mano sí!

  ¿Recuerdas momentos o planes que Dios haya concertado en tu vida a través de sucesos que parecían inesperados e insignificantes? ¿Tal vez la manera como te casaste? ¿O las circunstancias que te llevaron a conocer a Cristo? Escribe cómo Dios te ha dirigido sin que fueras consciente de ello.

Cultivar un corazón bello y fuerte

Visible, e invisible a la vez. Este maravilloso relato, este crucial fragmento de la historia brilla con la realidad de la divina providencia. Y a los ojos de la fe y del observador atento "toda la historia es una zarza ardiente inflamada por la presencia misteriosa".[31]

Amada, fe es ver lo invisible. Como dicen las Escrituras: "(porque por fe andamos, no por vista)" (2 Co. 5:7), y "la fe es la certeza de lo que se espera, la convicción de lo que no se ve" (He. 11:1). Bueno, amiga mía, acabamos de "ver" lo "que no se ve", la mano invisible de Dios que se mueve y protege a su pueblo.

Otra evidencia asombrosa de la presencia y providencia de Dios es la discreción pero firmeza con que obra en la vida de su pueblo. Por ejemplo:

Ester halló gracia sorprendente ante Hagai, ante todos los que la vieron y ante el rey (Est. 2:9-17), y por supuesto, ante Dios (porque "Cuando los caminos del hombre son agradables a Jehová, aun a sus enemigos hace estar en paz con él" [Pr. 16:7]).

Fue notable también que Mardoqueo hallara gracia no solo ante los judíos, sino ante los habitantes de la ciudad, de todas las provincias y ante los oficiales del gobierno (Est. 8:15; 9:2-3).

¡Este es Dios en persona, sus bendiciones, su mano, su providencia y su poderosa presencia! Como explica un erudito, Dios se manifiesta en los "pequeños milagros" de su providencia que dirigen nuestros pasos.[32] ¡Estate atenta a sus "pequeños milagros" en tu vida!

He aquí otra breve frase para meditar:

Preguntó un filósofo: "Dime, ¿dónde está Dios?"

"Dime tú primero", dijo el otro, "¿dónde no está?"[33]

ección 21

Misión cumplida

ace poco pasé un momento muy agradable con mi hija Courtney, ama de casa llena de ocupaciones, esposa y madre de dos bebés de tres y dieciocho meses. Nos sentamos un buen rato a conversar mientras los dos bebés, de manera milagrosa, dormían su siesta al mismo tiempo y ella me dijo algo así como: "Mis días consisten básicamente en una breve lista de actividades a las cuales me entrego de lleno hasta terminarlas".

¡No podía creerlo! ¡Quién creyera que con tanto esfuerzo intenté inculcarles esto desde pequeñas! ¡Terminar las cosas! Sí, pasé una buena década aprendiendo la disciplina de terminar completamente cada tarea. De hecho, durante todos esos años aparecía sin falta en mi lista de actividades diarias.

Terminar lo que se empieza es una disciplina que te traerá a ti y a los demás grandes beneficios y bendiciones, como lo fue para Ester.

Ester 9:11-15

[11]El mismo día se le dio cuenta al rey acerca del número de los muertos en Susa, residencia real.

[12]Y dijo el rey a la reina Ester: En Susa capital del reino los judíos han matado a quinientos hombres, y a diez hijos de Amán. ¿Qué habrán hecho en las otras provincias del rey? ¿Cuál, pues, es tu petición? y te será concedida; ¿o qué más es tu demanda? y será hecha.

[13]Y respondió Ester: Si place al rey, concédase también mañana a los judíos en Susa, que hagan conforme a la ley de hoy; y que cuelguen en la horca a los diez hijos de Amán.

[14]Y mandó el rey que se hiciese así. Se dio la orden en Susa, y colgaron a los diez hijos de Amán.

[15]Y los judíos que estaban en Susa se juntaron también el catorce del mes de Adar, y mataron en Susa a trescientos hombres; pero no tocaron sus bienes.

Del corazón de la Palabra de Dios

1. En el horrendo día señalado para el exterminio, ¿cuántos enemigos de los judíos fueron asesinados solo en Susa, entre ellos diez hijos de Amán (v. 12)?

¿Quién propuso una segunda petición (v. 12)?

el rey.

2. ¿Cuál fue la respuesta de Ester (v. 13)?

a. *colgar horca*

b.

¿Cuándo debía suceder esto (v. 13)?

3. ¿Qué pasó como resultado de la petición de Ester (v. 15)? *ahorca a los hijos de aman.*

¿Qué frase reaparece en el versículo 15?

mataron a 300 hombres. salvar vidas nomaterial.

Para tu corazón

• Después de pasar horas leyendo las investigaciones y comentarios de numerosos eruditos acerca de este pasaje, me parece que muchos interpretan el versículo 12 como si estuviera escrito con signos de admiración. Por ejemplo:

Y el rey le dijo a la reina Ester: "los judíos han matado a quinientos hombres' ¡solo en Susa!"

"¡¿Qué hicieron [o pudieron haber hecho] en las demás provincias del reino?!"

¡Da la impresión de que al rey le pareciera increíble que tantos hubieran atentado contra los judíos! Por iniciativa propia, el rey Asuero le pregunta después a Ester si desea pedirle algo más. ¿Qué virtud se evidencia en la respuesta de Ester? Explica.

• ¿Qué hecho sorprendente sale a la luz sobre la situación en Susa en el versículo 15? ¿Crees que Ester hizo lo correcto al pedir un segundo día de enfrentamiento? ¿Por qué?

¿Hubieras sido tan osada, o habrías flaqueado en tu misión? (Recuerda lo que Mardoqueo le encomendó a Ester: "¿Y quién sabe si para esta hora has llegado al reino?" [Est. 4:14]). ¿Qué propósitos han merecido que Dios te ordene "luchar" por ellos? ¿Lo estás haciendo fielmente, hasta terminar tu cometido?

Enumera tres tareas que debes realizar esta semana (¡o tal vez hoy mismo!) Luego practica la hermosa y fuerte virtud de perseverar en ello, como Ester.

1.

2.

3.

Cultivar un corazón bello y fuerte

¿Cómo podemos convertirnos en una mujer que concluye siempre su tarea, como Ester? *determinación / propósito*
Tal vez nunca seamos llamadas a presentarnos ante un rey, ¡pero sí estaremos ante el Rey! Quizá nunca seamos la figura central de un acontecimiento crucial que salve al pueblo de Dios, pero bien podríamos ser las protagonistas de una estrategia para administrar la Palabra de Dios a los hijos benditos que nos ha dado para que puedan experimentar la salvación (2 Ti. 3:15). Tal vez nunca recibamos el llamado de vivir en un palacio pero estamos llamadas a hacer de nuestro hogar un "palacio"

para nuestra amada familia. Nuestra lista de retos que exigen nuestra absoluta fidelidad es interminable, dondequiera que estemos y cumpliendo con nuestras responsabilidades. Amada, como mujeres conforme al corazón de Dios debemos cultivar en nuestra situación actual una devoción por el deber y una claridad absoluta en nuestro objetivo y rogarle al Señor su ayuda para ser disciplinadas.

Hace un tiempo, mientras meditaba en el tema de la fidelidad y la disciplina de terminar cada tarea emprendida, escribí estas ideas acerca de "las características de la fidelidad".

llevar a cabo todo lo
que se propone
cumple tu palabra

*C*ómo se manifiesta la fidelidad? ¿A qué se parece en realidad? Bueno, si observas a una mujer que camina con Dios, por su Espíritu, notarías que:

• Lleva a cabo todo lo que se propone hasta el final.

• Cumple y tiene éxito en todo lo que emprende.

• Da bien, sea un mensaje o una comida.

• Llega a tiempo, incluso antes para no preocupar a otros.

• Cumple su palabra. Su sí es sí y su no es no (Stg. 5:12).

• Cumple sus compromisos y citas, no los cancela.

• Tiene éxito en sus empresas y ejecuta todo lo que se le manda.

• Cumple sus deberes eclesiales y no descuida la adoración.

• Se dedica a cumplir con su deber, como Jesús que vino a hacer la voluntad de su Padre (Jn. 4:34).[34]

$\mathscr{L}$ección 22

La celebración de la bondad de Dios

Ester 9:16-19

$\mathscr{E}$clesiastés es considerado uno de los libros "sapienciales" de la Biblia (junto con Job, Salmos, Proverbios y Cantar de los Cantares). ¡Está lleno de sabiduría! El capítulo 3, que habla sobre los "tiempos" y las "sazones" que Dios establece es mi predilecto.

Bueno, ¡hoy es el "tiempo" señalado para reír y danzar! Como dice Eclesiastés 3: 1 y 4: "Todo tiene su tiempo, y todo lo que se quiere debajo del cielo tiene su hora... tiempo de llorar, y tiempo de reír; tiempo de endechar, y tiempo de bailar".

El libro de Ester nos ha mostrado sobre todo lloro y luto (en especial Est. 4:1-8). Ambos fueron la respuesta apropiada de los judíos frente a la aniquilación y la masacre señaladas para ellos en el decreto de Amán. Era necesario que el pueblo de Dios vistiera silicio y ceniza, cayera de rodillas y clamara a Dios en oración y ayuno.

> ¡Pero hoy es un día glorioso! Lee cómo Dios libra a los judíos de sus enemigos y cómo ellos prorrumpen en regocijo y fiesta. ¡Únete a su celebración!

Ester 9:16-19

[16]En cuanto a los otros judíos que estaban en las provincias del rey, también se juntaron y se pusieron en defensa de su vida, y descansaron de sus enemigos, y mataron de sus contrarios a setenta y cinco mil; pero no tocaron sus bienes.

[17]Esto fue en el día trece del mes de Adar, y reposaron en el día catorce del mismo, y lo hicieron día de banquete y de alegría.

[18]Pero los judíos que estaban en Susa se juntaron el día trece y el catorce del mismo mes, y el quince del mismo reposaron y lo hicieron día de banquete y de regocijo.

[19]Por tanto, los judíos aldeanos que habitan en las villas sin muro hacen a los catorce del mes de Adar el día de alegría y de banquete, un día de regocijo, y para enviar porciones cada uno a su vecino.

Del corazón de la Palabra de Dios

1. ¿Qué sucedió en las otras provincias aparte de la ciudad capital de Susa (v. 16)?

   se juntaron se pusieron en defensa

2. Al final llega el enfrentamiento. ¿Cuántos adversarios de los judíos murieron en las provincias del rey Asuero aparte de Susa (v. 16)?   *75,000*

   ¿Qué hecho se reitera sobre la forma de proceder de los judíos (v. 16)?   *No tocaron sus bienes.*

3. ¿Cuál fue la respuesta natural de los judíos frente a la victoria sobre sus enemigos (v. 17)?   *reposaron en día 14 del mismo*

   ¿Cómo celebraron (vv. 17 y 19)?   *con un banquete.*

4. Este pasaje de las Escrituras nos muestra dos grupos de judíos. ¿Qué señala la diferencia entre los dos? (Nota: Los "aldeanos" y los "que habitan en las villas" son lo mismo.)   *no tenían muros.*   *De pueblo*

   Fue una masacre > judíos ellos o nosotros

Para tu corazón

- Debemos añadir tres comentarios importantes respecto a esta escena. Primero, respecto a la emoción natural del pueblo de Dios que prorrumpió en una celebración espontánea al finalizar su dura prueba. ¿Qué crees que ellos celebraban? (Anota todo lo que creas pertinente)

  Ahora bien, ¿qué motivos tienes para celebrar la bondad de Dios? (También puedes escribir todo lo que quieras.)

  adoptados > Judíos   llevamos judíos
  Nosotros   no legítimos   sangre judía
  espiritualmente

• En segundo lugar, respecto al orden natural de los acontecimientos. Este pasaje resulta a veces difícil de entender. Por ejemplo, podemos preguntarnos: ¿Por qué dos días diferentes de celebración? Para responder esta pregunta, recuerda que en Susa hubo un segundo día en que los judíos podían defenderse (Est. 9:13-15). Por consiguiente, su celebración de victoria se realizó un día después. Sin embargo, en las provincias hubo un día de batalla ¡y luego la fiesta!

• Y por último, los que celebraban esa ocasión nos enseñan una receta natural para celebrar. Enumera los "ingredientes" que incluye esta receta para gozarse en la bondad de Dios.

  ¿Cuáles son otros "ingredientes" que podrías añadir a tus propias celebraciones de la bondad que Dios manifiesta en tu vida?

Cultivar un corazón bello y fuerte

Mientras escribo esta lección se aproxima el día del padre. Fue un verdadero gozo esta semana orar, planear y organizar cada detalle apropiado para expresar mi cariño a mi esposo y a mis dos yernos que son padres maravillosos. Además he planeado una celebración en nuestra casa el domingo por la tarde. Habrá "descanso" (es el día del Señor), fiesta, oración y manifestaciones de gratitud. Habrá regalos y gran gozo.

Piensa también en tu celebración navideña en tu hogar y en tu corazón. La mayoría de los cristianos celebran juntos con la familia y los amigos, intercambian regalos, se piensa en los pobres y se les sirve. Es cierto que a veces gastamos demasiado cuando nuestro generoso corazón quiere incluir a más y más personas. Nuestro gozo es contagioso y natural cuando nos esforzamos por incluir a todas las personas posibles.

Bueno, amiga mía, ¿puedes imaginar con mayor claridad aquella celebración de la bondad de Dios que abarcó un reino de 127 provincias? Con toda seguridad la emoción de los judíos era inmensa porque fue su vida lo que estuvo en juego, y Dios los rescató.

¿No te parece que lo mismo nos sucedió a ti y a mí cuando nos detenemos a pensar en el rescate que pagó Dios por nuestra alma para sacarnos de las tinieblas? Él nos sacó del pozo de la desesperación y del lodo cenagoso, puso nuestros pies sobre peña y enderezó nuestros pasos (Sal. 40:2). Él nos llamó de las tinieblas a su luz admirable (1 P. 2:9). Como lo expresa un himno predilecto: "Fui ciego mas hoy veo yo, perdido y Él me halló".[35]

¿Por qué no detenernos a celebrar la bondad de Dios?

Conmemoración

Ester 9:20-28

*A*lguna vez has dejado una lista de instrucciones para tus hijos, la niñera o alguien que se hospeda en tu casa? A veces sentimos que debemos insistir en cada punto. Primero lo repetimos una y otra vez y luego lo escribimos, por si acaso. Es como una lista para evitar que lo olviden.

Bueno, a primera vista este pasaje del libro de Ester parece un poco reiterativo y en cierta manera lo es. No obstante, el hábito de escribir memorándums es una buena forma de ayudar a otros a recordar sus deberes y las instrucciones sobre el cómo, cuándo y dónde. ¿Para qué? Para que lo hagan. Y eso es precisamente lo que

Mardoqueo hace en la lección que nos ocupa hoy. Veamos qué contiene el "memorándum" de Mardoqueo.

Ester 9:20-28

²⁰Y escribió Mardoqueo estas cosas, y envió cartas a todos los judíos que estaban en todas las provincias del rey Asuero, cercanos y distantes,

²¹ordenándoles que celebrasen el día decimocuarto del mes de Adar, y el decimoquinto del mismo, cada año,

²²como días en que los judíos tuvieron paz de sus enemigos, y como el mes que de tristeza se les cambió en alegría, y de luto en día bueno; que los hiciesen días de banquete y de gozo, y para enviar porciones cada uno a su vecino, y dádivas a los pobres.

²³Y los judíos aceptaron hacer, según habían comenzado, lo que les escribió Mardoqueo…

²⁶Por esto llamaron a estos días Purim, por el nombre Pur. Y debido a las palabras de esta carta, y por lo que ellos vieron sobre esto, y lo que llevó a su conocimiento,

²⁷los judíos establecieron y tomaron sobre sí, sobre su descendencia y sobre todos los allegados a ellos, que no dejarían de celebrar estos dos días según está escrito tocante a ellos, conforme a su tiempo cada año;

²⁸y que estos días serían recordados y celebrados por todas las generaciones, familias, provincias y ciudades; que estos días de Purim no dejarían de ser guardados por los judíos, y que su descendencia jamás dejaría de recordarlos.

Del corazón de la Palabra de Dios

1. ¿Quién? Primero que todo ¿quién escribió todo esto (v. 20)?

   mardoqueo

   ¿A quiénes fueron enviadas las cartas (v. 20)?

   las provincias

   ¿Dónde vivían los destinatarios (v. 20)?

   cercanos y distantes

   ¿Por qué fueron escritas las cartas (v. 21)?

   ordenanza celebrar los días

   ¿Cuándo debía realizarse la celebración (v. 21)?

   14 y 15 de cada año.

   ¿Qué debía conmemorarse (v. 22)?

   ¿Cómo debían celebrar los judíos (v. 22)?

   Que hicieran días de banquete y gozo

   ¿Cuál fue el resultado de haber enviado las cartas (vv. 23, 26-28)?

2. En seguida leemos una recapitulación de la historia (vv. 24-25). ¿Por qué se llamó a la fiesta "Purim" (v. 26)?

   Por el nombre de Pur

3. Y por último: ¿Por qué estos días debían celebrarse sin falta (v. 28)?

   en memoria de recordazion o

Para tu corazón

cuando hace por verbo

• ¿Recuerdas algún momento de tu vida en el que Dios haya cambiado tu tristeza en alegría y tu lamento en baile? ¿Cómo podrías celebrarlo para no olvidarlo? *si, teniendo gozo todo el tiempo.*

• Echa un vistazo a otra celebración que Jesús nos ordenó recordar en 1 Corintios 11:24-26.

   ¿Qué tan fiel eres en "hacer memoria" de la muerte del Señor?

Cultivar un corazón bello y fuerte

Un llamado a rememorar. ¡Es una lástima que siempre necesitemos que nos recuerden celebrar la maravillosa gracia de nuestro Señor para con nosotros! Una vez le pedí a un grupo de mujeres que nos contaran algún testimonio de intervención divina gracias a la cual su tristeza se había convertido en fiesta. Estos fueron algunos de sus motivos de alabanza a Dios:

- "El día en que el médico me dijo que no requería una cirugía muy delicada que habría significado un cambio radical en mi vida".

- "El día en que Dios me libró de un noviazgo muy problemático".

- "El día en que yo, siendo estéril, sostuve en mis brazos al bebé primogénito de mi mejor amiga y me alegré con ella de corazón".

- "¡El día en que mi esposo inconverso conoció y amó al Señor Jesucristo su Salvador!"

- "El día en que conocí a Cristo. Siempre lo celebro con una "cita" especial con Dios, un tiempo de meditación y quietud en la playa".

- "El día en que por fin tuve una casa propia después de mi divorcio y todos mis amigos que me apoyaron en los tiempos difíciles se reunieron para celebrar y ayudarme en la mudanza".

¿Puedes añadir a esta lista de mujeres conforme al corazón de Dios tu día especial de conmemoración? Rememorar nutre de belleza y fortaleza el carácter. Así que no olvides recordar en humildad y fidelidad la bondad y la gracia que Dios ha manifestado en tu vida.

Lección 24

Un nuevo mensaje

Ester 9:29-32

*T*al vez conozcas el principio de administración del tiempo que aconseja anotar a principio del año todos los sucesos importantes en un calendario. ¿Por qué es tan útil? Porque garantiza que recordaremos las fechas especiales de cada año.

Amiga mía, la práctica de anotar fechas significativas ya existía hace 2.400 años. La reina Ester y su primo Mardoqueo hicieron algo parecido cuando establecieron una manera de recordar cómo Dios libró a los judíos de la muerte.

Después de estudiar el libro de Ester ya sabes bien que hubo momentos muy oscuros cuando se envió el edicto

real que autorizaba el exterminio de todos los judíos.
¡Imagina la angustia, el terror, el pavor que sintieron!
Parecía que el pueblo de Dios estaba condenado a esperar
su sentencia de muerte.

Y luego piensa cómo Dios les permitió a los judíos
defenderse de sus enemigos. ¡Imagina el gozo, la dicha,
la dulce victoria, el gran alivio!

Para asegurarse de que los judíos de aquella época y las
generaciones futuras jamás olvidaran la salvación de Dios
por su gracia, la reina Ester envió un nuevo decreto a su
pueblo. Lee los detalles de este suceso.

Ester 9:29-32

²⁹Y la reina Ester hija de Abihail, y Mardoqueo
el judío, suscribieron con plena autoridad esta
segunda carta referente a Purim.

³⁰Y fueron enviadas cartas a todos los judíos, a
las ciento veintisiete provincias del rey Asuero,
con palabras de paz y de verdad,

³¹para confirmar estos días de Purim en sus
tiempos señalados, según les había ordenado
Mardoqueo el judío y la reina Ester, y según
ellos habían tomado sobre sí y sobre su
descendencia, para conmemorar el fin de los
ayunos y de su clamor.

³²Y el mandamiento de Ester confirmó estas
celebraciones acerca de Purim, y esto fue
registrado en un libro.

Del corazón de la Palabra de Dios

1. En primer lugar, fíjate que no es la carta escrita en
   Ester 9:20. Se trata de una nueva carta, con algunos

ingredientes novedosos. ¿A quién se menciona primero y qué se dice de ella (v. 29)?

Rema ester

¿Cómo se alude a la carta en el versículo 32?

Continuo celebracion Purim registra von en el libro

¿A quién se menciona primero en la carta anterior (Est. 9:20)?

hija

2. Aquí leemos dos veces (vv. 29 y 31) la razón por la cual esta carta fue enviada a todos los judíos. ¿Cuál es?

para confirmar el festejo y dejarando ayudar

3. Compara las dos instrucciones (Est. 9:20-22 y 9:30-32). ¿Cuál es el elemento novedoso que se añade en este segundo decreto (v. 31)?

enviar cartas.

(Una pequeña nota: Hasta hoy los judíos leen cada año el libro de Ester en la fiesta de Purim que celebran sin falta. Es indudable que el decreto de Ester fue tomado con seriedad. Funcionó y cumplió su objetivo de recordarles a los judíos la conmemoración de su liberación.)

Mira de nuevo Ester 4:15-17. ¿Por qué Ester y Mardoqueo convirtieron estas prácticas en una costumbre nacional?

Para recordar, de donde venian. avisa que el decreto ya esta y parende ayudar

4. ¿Qué otras "palabras" de aliento fueron incluidas en la segunda carta (v. 30)?

plalabras paz y verdad.

Para tu corazón

Es muy fácil resumir esta sección del libro de Ester. Nos habla de otra carta enviada a todos los judíos del Imperio Persa, escrita por la reina y Mardoqueo y cuya finalidad es recalcar las instrucciones dadas para la celebración de la fiesta de Purim, a las que añaden el ayuno y el lloro (o lamento).

Sin embargo, para retomar los objetivos de esta sección y nuestro compromiso de aplicar la Palabra de Dios a nuestra vida, quiero que meditemos en una sinopsis de la vida de Ester y la belleza de la fuerza. Primero quiero que leas los siguientes hechos emocionantes sobre nuestra bella Ester y luego veremos una serie de aplicaciones para nuestra vida.

Fortalezas y logros de Ester:

- Su belleza y carácter conquistaron el corazón del rey de Persia.

- Ella integró la valentía con una minuciosa organización.

- Estaba atenta a recibir consejo y dispuesta a actuar.

- Se preocupaba más por otros que por su propio bienestar.

Lecciones de la vida de Ester:

- Servir a Dios a veces demanda arriesgar nuestra propia seguridad.

- Dios tiene un propósito para las situaciones que permite en nuestra vida.

- El coraje, que es muchas veces crucial, no reemplaza la planificación cuidadosa.[36]

- ¿Conoces a alguien con "gracia"? Es una persona que trae gozo o deleite, que es agradable, simpática y jovial. ¿Estas definiciones o rasgos de carácter te describen? ¿Por qué sí o por qué no?

  El coraje y la planificación cuidadosa caracterizan a una mujer bella y fuerte. ¿Estás a la altura de esta descripción?

  Escuchar y atender el consejo de otros. ¿En qué medida demuestras estas cualidades sabias?

  Un profundo interés por el prójimo. Ser capaz de dejar a un lado los intereses personales es quizá el rasgo más noble. ¿Lo posees tú?

  ¿Dónde te ha puesto Dios hoy? ¿Cuál es tu "situación"? ¿Recuerdas con frecuencia que Él tiene un gran propósito para ti en ese preciso lugar, el que escogió para ti? Saberlo te da fortaleza.

- Ahora medita seriamente en las muchas, hermosas y sólidas virtudes de Ester. Nuestras lecciones están llenas de ellas. El texto de la página anterior subraya algunas que puedes admirar. He mencionado otras a lo largo de nuestro estudio.

  No obstante, piensa por un momento en esta mujer y en lo que realmente la hace fuerte y bella. No quiero que al concluir este maravilloso estudio que abarca diez años de la vida de una mujer tan asombrosa, tu vida y tu corazón queden iguales, indiferentes, inconmovibles. El propósito de estudiar la Biblia es ponerla en práctica. Así que ponte a pensar. Haz tu propia lista de virtudes de Ester y luego selecciona al menos tres que con toda diligencia procurarás cultivar en los próximos días.

1.

2.

3.

Cultivar un corazón bello y fuerte

Ha sido edificante hacer un repaso de la belleza y fortaleza de Ester después de su breve ausencia en la escena. Sin embargo, en la lección de hoy vuelve nuestra "reina" para escribir con toda autoridad a su pueblo. Ya que nos acercamos al final de nuestro estudio de esta mujer conforme al corazón de Dios me pareció oportuno recordar su coraje y hermosura, y poner en práctica lo que Dios nos ha enseñado en su Palabra. Después de orar anota tres principios o lecciones que hayas aprendido en tu estudio del libro de Ester y que desees poner seriamente en práctica, aspectos de tu vida que requieren un cambio y en los que anhelas acercarte más al hermoso ideal divino para ti.

1.

2.

3.

Y ahora que procuras fielmente aplicar estas verdades a tu vida, pido que Dios derrame su gracia abundante sobre ti, bendiga tu esfuerzo y te transforme. Que puedas experimentar su belleza y su fortaleza en tu propia vida. Amén.

ección 25

Reflexiones sobre la belleza y fortaleza de Ester

Ester 10:1-3

ios, la presencia invisible y anónima del libro de Ester, es también el autor de este libro que narra en detalle la liberación de su pueblo. Y como autor elige concluir este libro (y cerrar la sección histórica de la Biblia) con un homenaje al primo de Ester, Mardoqueo. Después de haber leído los elogios de Dios acerca de Mardoqueo, volveremos al libro de Ester y su personaje principal.

¡Veamos la fortaleza de Mardoqueo!

Ester 10:1-3

¹El rey Asuero impuso tributo sobre la tierra y hasta las costas del mar.

²Y todos los hechos de su poder y autoridad, y el relato sobre la grandeza de Mardoqueo, con que el rey le engrandeció, ¿no está escrito en el libro de las crónicas de los reyes de Media y de Persia?

³Porque Mardoqueo el judío fue el segundo después del rey Asuero, y grande entre los judíos, y estimado por la multitud de sus hermanos, porque procuró el bienestar de su pueblo y habló paz para todo su linaje.

tomo el engande
Aman
fue colgado

Del corazón de la Palabra de Dios

1. Describe la posición de Mardoqueo ante el rey (v. 3).
   obediencia.

2. Describe el notable comentario acerca de Mardoqueo, su liderazgo, y su carácter (vv. 2 y 3).
   autoridad. grande entre los judíos

3. Qué opinión tenían de Mardoqueo:

   El rey (v. 2) *lo engrandeció*

   Los judíos (v. 3) *fue estimado por la*
   por procurar bienestar publico utilidad

4. Cuáles eran los objetivos del liderazgo de Mardoqueo:

   Para su pueblo (v. 3) *paz, liberarlos.*

   Para sus compatriotas (v. 3)
   lo mismo

Para tu corazón

- Los objetivos de nuestro estudio se centran en Ester, pero es imposible dejar este pasaje sobre su primo Mardoqueo sin reparar en las virtudes de su carácter. ¿Cuáles quisieras tener tú? ¿Por qué?

- ¿Cómo puedes seguir el ejemplo de Mardoqueo de ejercer una influencia positiva sobre los que te rodean, sobre tu esposo, tus hijos, tu familia (incluso tus primos), tus amigos, tus vecinos y hasta tu país?

  ¿Qué te impide hacerlo?

- A manera de ejercicio final, lee la siguiente sinopsis de los diez capítulos del libro de Ester.

> Decreto persa contra Vasti
> El primo Mardoqueo salva al rey
> Plan de venganza de Amán
> Intercesión de Ester
> Banquete para Asuero
> Favor real hacia Mardoqueo
> Ester ruega por su vida y su pueblo
> Asuero promueve a Mardoqueo
> Los hijos de Amán son colgados
> Testimonio de la grandeza de Mardoqueo[37]

Ahora anímate a hacerlo en forma de acróstico. Usa cada letra del nombre de Ester para presentar sus numerosas virtudes de belleza y fortaleza que has aprendido hasta ahora.

E

S

T

E

R

Por último ¡sé solícita en poner por obra estas virtudes! Entonces podrás bendecir a otros, como Ester, una mujer bella y fuerte.

Cultivar un corazón bello y fuerte

Nuestro estudio ha sido una gran bendición, ¿no te parece? Ya subrayamos el hecho de que como creyentes en Cristo andamos por fe y no por vista (2 Co. 5:7), y espero que ya sea evidente para ti que Dios, invisible y anónimo, es "visto" en su cuidado por su pueblo en cada palabra y detalle a lo largo del libro de Ester, pues "aunque el nombre de Dios no aparece, su dedo conduce cada detalle para traer la liberación de su pueblo".[38]

Amada, concluimos pues nuestro estudio sobre la verdadera belleza y fortaleza recordando a nuestro Dios, nuestro glorioso y magnífico Dios. Que como mujer conforme al corazón de Dios recuerdes siempre estas palabras y las apliques a tu corazón y a tu vida, sin importar dónde te haya puesto Él ni cuán difícil sea o parezca ser:

En el libro de Ester vemos claramente que
Dios obra en la vida de los individuos y en los
asuntos de las naciones. Aun cuando parece que
el mundo está en manos de hombres perversos,
Dios tiene siempre el control para proteger a los
suyos. Aunque no entendamos todo lo que nos
sucede, debemos confiar en el cuidado de Dios y
conservar nuestra integridad haciendo lo correcto
siempre. Ester, que arriesgó su vida presentándose
ante el rey, se convirtió en heroína. Mardoqueo,
que estaba condenado a morir, se levantó para
convertirse en el primer ministro de la nación. Sin
importar cuán desesperanzadora sea tu situación o
cuánto desees abandonarlo todo, no te desesperes.
Dios tiene nuestro mundo bajo control.[39]

Amada mujer conforme al corazón de Dios, que la
preciosa gracia de Dios resplandezca sobre tu vida y te
fortalezca.

Un homenaje

ientras estudiaba y revisaba el material sobre el libro de Ester, y redactaba este estudio sobre cómo ser una mujer bella y fuerte, tuve que esforzarme por imaginar a Ester en su contexto histórico tan lejano a mi realidad. ¿Cuántos años tenía? ¿Cómo pudo ser su vida en el palacio?

Cuánto le agradezco a Dios que mientras trabajaba en este proyecto escuchara acerca de una mujer que encarnaba las preciosas virtudes que encontré en el libro Ester. Era una joven de apenas 22 años. Con todo, a pesar de su corta vida, su carácter había madurado hasta el punto que su belleza piadosa bendijo y afectó para siempre las vidas de quienes percibieron el aroma de su existencia. Su nombre es Natalie Christine Dyck. (Uso a propósito el tiempo presente porque nuestro conocimiento y recuerdos de ella siguen vivos y siempre nos acompañarán.)

Pocas semanas después de graduarse de la universidad *The Master's College* en Newhall, California, Natalie viajó a Tanzania, África, donde pasaría el verano aplicando su conocimiento en educación para enseñar a niños africanos el inglés y comunicarles el amor de Dios. Y luego, en los propósitos soberanos y en la providencia del "Dios verdadero, omnisciente, omnipresente, poderoso y perfecto en todos sus caminos" (en palabras del diario personal de Natalie), al dirigirse en autobús a su destino donde se encontraría con sus tíos misioneros, Natalie, junto con otros 13, falleció en un accidente.

Natalie Dyck fue en realidad una mujer de profunda belleza y fortaleza. Esa magnífica belleza y poderosa fe inspiraron a Natalie a escribir: "Mi mayor gozo en la vida es servir a mi Salvador. Todo lo que hago, digo y pienso a diario tiene que ser un reflejo del Dios al que sirvo. Un lema que he aplicado en mi propia vida es: 'Mi mayor dicha en la vida es ver una sonrisa en el rostro de mi Salvador'".

Deseaba que conocieras a esta joven, Natalie Dyck, una Ester de nuestra época con un carácter rebosante de la belleza del Señor. Que su vida te inspire, amada mía, como me inspiró a mí tras oír el testimonio de tantos que la conocieron bien. Las siguientes verdades acerca de la reputación en contraste con el carácter fueron impresas en el programa del funeral de Natalie. Que puedan guiarte al valor de ser una mujer bella y fuerte como Natalie y a la dignidad inestimable del carácter piadoso que se logra con esfuerzo.

Tus circunstancias determinan tu reputación;
La verdad que crees determina tu carácter.
La reputación es lo que debes ser;
carácter es lo que eres en realidad.

La reputación es la imagen de la fotografía;
carácter es el verdadero rostro.

La reputación es impuesta de fuera;
el carácter crece de adentro.

La reputación es lo que tienes cuando llegas
a algún lugar;
carácter es lo que tienes cuando sales de él.

Tu reputación se revela en una hora;
tu carácter no sale a la luz en un año.

La reputación se hace en un instante;
el carácter se construye toda la vida.

La reputación crece como un hongo;
el carácter crece como un roble.

Un simple artículo de prensa te dará tu reputación;
una vida entera de sacrificio te dará tu carácter.

La reputación te hace rico o pobre;
el carácter te hace feliz o desdichado.

Reputación es lo que los hombres dicen de ti
en tu epitafio;
carácter es lo que los ángeles dicen de ti ante el trono
de Dios.

—Autor anónimo

Notas

1. Herbert Lockyer, *All the Books and Chapters of the Bible* [Libros y capítulos de la Biblia] (Grand Rapids, MI: Zondervan Publishing House, 1978), p.108.
2. Neil S. Wilson, ed., *The Handbook of Life Application* [Manual de aplicación práctica] (Wheaton, IL: Tyndale House Publishers, Inc., 1992), p. 648.
3. Joyce G. Baldwin, *Esther* [Ester] (Downers Grove, IL: InterVarsity Press, 1984), p. 55.
4. Elon Foster, 6.000 *Sermon Illustrations* [6.000 ilustraciones para sermones], cita de Hare (Grand Rapids, MI: Baker Book House, 1992), p. 658.
5. Baldwin, *Esther* [Ester], p. 62.
6. *Ibíd.*, p. 61.
7. Charles R. Swindoll, *Ester, una mujer de fortaleza y dignidad* (Casa Bautista de Publicaciones, 2000), p. 30.
8. Eleanor Doan, *The Speaker's Sourcebook* [Libro de consulta del orador] (Grand Rapids, MI: Zondervan Publishing House, 1977), p. 210.
9. Merrill F. Unger, *Unger's Bible Dictionary* [Diccionario bíblico de Unger] (Chicago: Moody Press, 1972), p. 897.
10. Joni Eareckson Tada, *Diamonds in the Dust* [Diamantes en el polvo] (Grand Rapids, MI: Zondervan Publishing House, 1993).
11. *"Joni's Story"* [La historia de Joni], Joni y sus amigos, P.O. Box 3333, Agoura Hills, CA 91301.
12. Elizabeth George, *Ama a Dios con toda tu mente* (Grand Rapids: Portavoz, 1996), p. 183.
13. C. C. Carlson, *Corrie ten Boom: Her Life, Her Faith* [Corrie ten Boom: Su vida, su fe] (Old Tappan, NJ: F. H. Revell Co., 1983), p. 83.
14. *Life Application Bible Commentary—1 & 2 Timothy & Titus* [Comentario bíblico de aplicaciones, 1 y 2 de Timoteo y Tito] (Wheaton, IL: Tyndale House Publishers, Inc., 1993), p. 49.
15. Karen H. Jobes, *The NIV Application Commentary—Esther* [Comentario aplicativo de la Nueva Versión Internacional, Ester] (Grand Rapids, MI: Zondervan Publishing House, 1999), p. 110.

158   Descubre cómo ser una mujer bella y fuerte

16. Roy B. Zuck, *The Speaker's Quote Book* [Libro de citas del orador] (Grand Rapids, MI: Kregel Publications, 1997), p. 26.
17. G. Campbell Morgan, *Life Applications from Every Chapter of the Bible* [Aplicaciones de cada capítulo de la Biblia] (Grand Rapids, MI: Fleming H. Revell, 1994), p. 137.
18. Zuck, *The Speaker's Quote Book* [Libro de citas del orador], p. 9.
19. Wilson, *The Handbook of Life Application* [Manual de aplicación práctica], p. 269.
20. Jeanette Lockerbie, *Esther: Queen at the Crossroads* [Ester: Reina en la encrucijada] (Chicago: Moody Press, 1975).
21. *Life Application Bible* [La Biblia práctica] (Wheaton, IL: Tyndale House Publishers, 1988), p. 769.
22. Howard F. Vos, *Bible Study Commentary—Ezra, Nehemiah, and Esther* [Comentario bíblico: Esdras, Nehemías y Ester] (Grand Rapids, MI: Zondervan Publishing House, 1987), p. 165.
23. Albert M. Wells, hijo, *Inspiring Quotations—Contemporary & Classical* [Citas de inspiración, contemporáneas y clásicas] (Nashville: Thomas Nelson Publishers, 1988), p. 25.
24. Robert Jamieson, A. R. Fausset y David Brown, *Commentary on the Whole Bible* [Comentario bíblico] (Grand Rapids, MI: Zondervan Publishing House, 1973), p. 1163.
25. Morgan, *Life Applications from Every Chapter of the Bible* [Aplicaciones de cada capítulo de la Biblia], p. 138.
26. Swindoll, *Ester, una mujer de fortaleza y dignidad*, p. 136.
27. Wells, *Inspiring Quotations—Contemporary & Classical* [Citas de inspiración, contemporáneas y clásicas], cita de Donald Riggs, p. 191.
28. Herbert Lockyer, *The Women of the Bible* [Las mujeres de la Biblia], cita de H. V. Morton (Grand Rapids, MI: Zondervan Publishing House, 1975), p. 53.
29. Lockyer, *All the Books and Chapters of the Bible* [Libros y capítulos de la Biblia], p. 109.
30. Vos, *Bible Study Commentary—Ezra, Nehemiah, and Esther* [Comentario bíblico: Esdras, Nehemías y Ester], pp. 180-81.
31. Lockyer, *All the Books and Chapters of the Bible* [Libros y capítulos de la Biblia], p. 108.
32. Jobes, *The NIV Application Commentary—Esther* [Comentario aplicativo de la Nueva Versión Internacional, Ester], p. 160.
33. Doan, *The Speaker's Sourcebook* [Libro de consulta del orador], p. 113.
34. Elizabeth George, *A Woman's Walk with God* [El caminar de una mujer con Dios] (Eugene, OR: Harvest House Publishers, 2000), p. 151.
35. *"Amazing Grace"* ["Sublime gracia"], John Newton.
36. *Life Application Bible* [La Biblia práctica], p. 771.
37. Barry Huddleston, *The Acrostic Bible* [La Biblia acróstica] (Portland, OR: Walk Thru the Bible Press, Inc., 1978).
38. Matthew Henry, *Comentario bíblico Matthew Henry, tomo 2* (Clie: 1996), p. 866.
39. *Life Application Bible* [La Biblia práctica], p. 776.

Bibliografía

Baldwin, Joyce G. *Esther* [Ester]. Downers Grove, IL: InterVarsity Press, 1984.

Jamieson, Robert, A. R. Fausset y David Brown. *Commentary on the Whole Bible* [Comentario bíblico]. Grand Rapids, MI: Zondervan Publishing House, 1973.

Jobes, Karen H. *The NIV Application Commentary: Esther* [Comentario aplicativo de la Nueva Versión Internacional, Ester]. Grand Rapids, MI: Zondervan Publishing House, 1999.

Life Application Bible [La Biblia práctica]. Wheaton, IL: Tyndale House Publishers, 1988.

Lockyer, Herbert. *All the Books and Chapters of the Bible* [Libros y capítulos de la Biblia]. Grand Rapids, MI: Zondervan Publishing House, 1978.

MacArthur, John, *Comentario MacArthur del Nuevo Testamento: Santiago*. Grand Rapids, MI: Editorial Portavoz, 2004.

Pfeiffer, Charles F. y Everett F. Harrison. *Comentario bíblico Moody*. Grand Rapids: Portavoz, 1993.

Swindoll, Charles R. Ester, *una mujer de fortaleza y dignidad* (Casa Bautista de Publicaciones, 2.000).

Vos, Howard F. *Bible Study Commentary—Ezra, Nehemiah, and Esther* [Comentario bíblico: Esdras, Nehemías y Ester]. Grand Rapids, MI: Zondervan Publishing House, 1987.

Whitcomb, John C. *Ester: El triunfo de la soberanía de Dios.* Grand Rapids: Portavoz, 1982.